地方高水平大学项目Y-思想政治教育专业建设项目（项目编号：02206146005）资助教材

安徽省高等教育振兴计划弘扬核心价值观名师工作室项目之"丙辉工作室"

（项目编号：2014SZKMSGZS014）阶段性成果之一

教师职业道德修养

JIAOSHI ZHIYE DAODE XIUYANG

路丙辉◎主编　徐益亮◎副主编

安徽师范大学出版社

·芜湖·

责任编辑：谢晓博　陈　艳
装帧设计：丁奕奕　陈　爽
责任印制：郭行洲

图书在版编目（CIP）数据

教师职业道德修养 / 路丙辉主编 . — 芜湖：安徽师范大学出版社，2015.8（2020.1重印）
ISBN 978-7-5676-1932-6

Ⅰ.①教… Ⅱ.①路… Ⅲ.①教师－职业道德 Ⅳ.①G451.6

中国版本图书馆 CIP 数据核字(2015)第 062152 号

教师职业道德修养

路丙辉 主编　　徐益亮 副主编

出版发行：安徽师范大学出版社
　　　　　芜湖市九华南路189号安徽师范大学花津校区　　邮政编码：241002
网　　　址：http://www.ahnupress.com/
发 行 部：0553-3883578　5910327　5910310（传真）E-mail：asdcbsfxb@126.com
印　　刷：江苏凤凰数码印务有限公司
版　　次：2015 年 8 月第 1 版
印　　次：2020 年 1 月第 2 次印刷
规　　格：787×960　1/16
印　　张：12.25
字　　数：191 千
书　　号：ISBN 978-7-5676-1932-6
定　　价：26.00元

前　言

2014年9月,在第三十个教师节来临之际,中共中央总书记习近平来到了北京师范大学与师生座谈,并发表了重要讲话,这个讲话对"做一个人民满意的好老师"提出了十分明确的要求。他认为:"每个人心目中都有自己好老师的形象。做好老师,是每一个老师应该认真思考和探索的问题,也是每一个老师的理想和追求。"是的,总书记的这番话十分中肯,我个人也深有感触。在编写本书的过程中,我一直在思考如何来写前言,以表达我——一名已经从教二十多年的普通教师对教师职业及教师道德修养的认识。几易其稿,都不满意。这让我想起十多年前我在担任安徽师范大学政法学院2002级政治系思想政治教育专业和政治学与行政学专业246名同学的辅导员期间写过的一篇短文《我为什么要爱我的学生》。重读这篇短文,虽然很多故事已经成为过去,但对我来说依然历历在目,我的学生给我带来的幸福感如今依然激励我前行。

第一次走上讲台,是在我毕业实习的时候。看到学生们期待的眼神,我的心被深深地打动了。我本来并不想当教师,只是因为可以在读书期间获得助学金,可以帮助我完成大学的学业才选择了师范专业。我觉得自己没有足够的能力或知识奉献给学生。尤其重要的是,要我将充满活力的青春完全耗费在三尺讲台上,和所有不想当教师的青年一样,我心中有千万个不甘。我应该去做一件叱咤风云的大事,从而实现我的人生价值;至少我应该去做一件自己感兴趣的事情,使我的生活不至于总是重复,枯燥无味。大学四年,我几乎都是这样想象未来的。可是,当我带着忐忑不安的心情准备好教案,走进教室,抬头扫视学生的时候,我彻底改变了我的追求。因为在那一刻,我看到了自己是那样真切地被别人需要,被学生看重,他们面带微笑地看着我,给了我勇气和信心,同时也给了我一个很简单的暗示:"老师,你是否应该把自己的知识毫无保留地奉献给我们?"也正是在那一刻,我看到了实现我人生价值的舞台。因为当我把一个知识点说出来的时候,学生们便迅速地低下头,将我讲的内容记录下来。这使我看到了自己的力量:有哪一种职业可以同时开动如此不同的"机器"呢?有哪一种职业可以在同一个时间内,在不同的心灵里播撒智慧的种子,而当这些种子生根开花结果的时候,又可以影响更多的人群?唯有教师这种职业才可以做到!这是一个多么有意义的职业啊!从此,我坚定了我的职业选择——做一名光荣的人民教师,心甘情愿地在三尺讲台上辛勤耕耘。

然而,我毕竟年轻,重复的劳动必然会使我厌倦,学生的不理解必然会使我感到沮丧。我开始意识到,我当初所感受到的,其实是教师职业本身的伟大意义,是教师职业应该具备的基本能力。而对于我这个微不足道的个体来说,并不会因为我是这个队伍的一员,就因此变得伟大起来;也不会因为我是这个队伍的一员,我就有足够的知识奉献给学生,就有不竭的力量为学生奉献。职业责任感虽然没有使我放弃爱学生的心,但是,我已开始隐隐感到我与学生之间的距离,特别是当我感到被学生误解,或没有成就感的时候。我开始问自己:我为什么要爱学生?或者说,什么是我爱学生的动力?如果不能解决这个问题,那么,我如何能够长时间地保持足够的热情来面对我的学生、面对我的职业,并甘于平淡、乐于付出呢?

有人说,这个问题很简单,因为你是教师,所以你必须爱学生,这是教师职业的基本道德规范。这当然不是错误的答案，但问题是，规范可以使一个人的行为不超越范围，但并不能解决一个人的行为动力。不是这样吗？有些老师每天都在工作，从不违背教师的职业道德规范，但他们没有因为遵守了规范而感到快乐；相反，他们对学生的爱心有减无增。显然，如果爱学生是一种规范使然，那么，师爱就是一种可以被设计的形式。

也有人说，爱学生是一个教师的职业良心。作为一名教师，你不能误人子弟。可是，职业良心的表现形式并不是非此即彼，要么误人子弟，要么有所作为。事实是，在误人子弟和有所作为之间，还有一个很大的中间状态，那就是虽然没有误人子弟，但是也没有为人子弟作什么贡献。你说他害了学生是不公平的，但若说他爱学生就显得牵强。由此可见，职业良心不过是一个教师能够认真遵守职业道德的内在约束力，并不是他爱学生的内在动力。

人们常说，老师就像蜡烛，照亮了别人，燃烧了自己。这个比喻很贴切，长期以来一直为世人称道，使教师的职业增添了不少光环。甚至有些教师在以此为荣的时候，还平添了一些清高的气息。也正因为如此，有些老师在面对学生的时候，总不免因为自己有能力发光而多少显得高高在上，以至于自己学习的知识越多，离学生的距离越远。这种亘古未变的习惯思维，使得"蜡烛"们在欣赏着自己美丽的光环之时，长期忽略一个简单的问题：是谁点亮了"蜡烛"呢？是什么保证了它的燃烧，即使有风的侵扰，也依然充满活力？也就是说，如果没有人来点亮"蜡烛"，"蜡烛"能够实现自身的价值吗？从古至今，点亮"蜡烛"的人，在享受着"蜡烛"的光芒时总是心存感激，对"蜡烛"顶礼膜拜，却不知如果自己不去点亮"蜡烛"，即使"蜡烛"具有无尽的燃烧力也不能发光。从这个角度来看，"蜡烛"是不是应该对点燃"蜡烛"的人，或者是享受自己光芒的人心存感激？因为，没有了他们，自己便没有了可以施展才华的平台。

　　2002年年初,我有机会成为安徽师范大学政法学院02级政治系246名学生的辅导员,我非常高兴。当我第一次召集他们开会,宣布我的"施政纲领"的时候,我向他们提出了一个小小的请求,希望他们允许我开怀大笑一下。当时,所有的学生都愣住了,但很快他们和我一起笑了起来,并报以热烈的掌声。随即我告诉他们:我之所以想笑,是因为我很高兴,我一点也不想掩饰这一点。高兴的是我能够有机会实践我在思想教育方面的一些思考和想法。因此,我很感激同学们给我这个机会。当学生们听到这里的时候,掌声再次淹没了我的发言。学生们后来告诉我,他们感到很惊讶,继而感到很新鲜,因为他们从没有听到过老师这样说,更没有听到一个辅导员会这样说。在随后的日子里,我和我的学生在自我素质培养方面做了大量的尝试性工作。他们组织了八个兴趣小组,涵盖了文学、体育、书画、手工制作等方面。在春寒料峭的三月,他们开始在安师大的新校区组织晚间跑步锻炼,从而带动了整个新校区学生的业余体育锻炼,使得正在建设中的新校区充满了青春的活力。五月中旬,我的学生组织了一次长达百里的徒步拉练。一路上,他们欢声笑语,锣鼓喧天:鼓动队打着快板,喊着加油;音乐兴趣小组的同学们高唱着歌曲《真心英雄》。我走在队伍的中间,完全被我的学生感染了,时而小跑着给他们加油,时而拿起鼓槌为他们擂鼓助威。学生们也很为我的行为感动,当时就有同学给我发来信息,说路老师你要悠着点,你要是倒下了,我们这么多人怎么办? 在我走在后面的时候,一个同学深情地说:"路老师,你太让我们感动了,你这样的年龄,在这样的休息日,应该在家里休息,享受天伦之乐,可你却和我们一起来吃这样的苦。""不",我打断了他的话,"我不是来吃苦的,我是来享受的,我和我的学生一起做这样的事情,我其实是在享受着一个教育者难得的快乐。你要知道,这么多的人组织这样的大型活动很不容易。尽管拉练是我倡议的，但我一个人不可能做好这样的事。大家觉得是个好建议，就一起来做，才有了今天这样壮观的场面。同学们经过这样的锻炼，不仅意志得到了磨练，在组织能力、合作能力等方面都得到了不同程度的训练，是同学们给了我一个机会，使我看到了我的想法是怎样变成现实的。我很感激大家。所以，尽管我在体力上是累些，但在精神上，我真的享受到了别人难以享受到的幸福。"

在过去的八个多月里，我和我的学生在班级工作方面做了大量的创新性尝试，充分调动了同学们参与班级建设的积极性和主动性。文学兴趣小组的同学们把喜欢《红楼梦》的同学组织起来，编排了一场《红楼梦》的短剧，剧中的人物造型都是他们自己设计的，从发型到服饰都栩栩如生。英语兴趣小组的同学们自己组织了一场英语晚会，把《哈姆雷特》搬上了舞台，剧中的台词都是他们自己翻译的，表演也很到位。一些原来感觉很内向的同学也扮演了角色，而且演得有模有样。很多同学深深地感到要重新审视身边的同学。一个同学深有感触地告诉我：原来以为自己的文学水平不错，现在才发现，身边的高手太多了。这些都不是我这个辅导员用理论来告诉他们的，而是他们自己在实践中真切地体会到的。在整个过程中，我只做了两件事：一是给他们出主意、提倡议；二是在看到他们工作的成果时给他们深深地鞠躬。而每一次鞠躬，都使我对"我为什么要爱学生"这个问题加深一次理解。

我爱我的学生，是因为他们给了我一个机会，让我有了一个舞台展现我十多年来在思想教育方面所思考的一点成果。如果没有我的学生，我所有的思考最多不过是一些文字，最后可能改变我的职称，而我根本无法看到这些思考的现实成果。因此，我从内心里感激我的学生。

我爱我的学生，不是因为我有多少知识传授给他们，看到他们把我讲的知识记在笔记本上，然后通过死记硬背印在脑海里，并在考试的时候考得了高分；而是在于他们对我的信任，在于我把自己的想法说出来之后，他们根据自己的情况列出实现这些想法的步骤，然后和同学们一起逐步达到目标。像《红楼梦》和《哈姆雷特》这样的名著，我可以说对其所知并不比他们多，甚至不如他们。是他们用自己的智慧使我的想法更加完善，更具有创新的色彩。他们的劳动使我很感动，使我感觉自己得到的是一块块璞玉，而我可能还没有能力使这些璞玉都能够被雕琢得尽善尽美。

我爱我的学生，不是因为我有永不枯竭的热情奉献给他们，而是他们的鼓励使我的热情变得匀速而持久。当我和同学们开始讨论一个新的想法的时候，同学们都会主动地和我交流；在具体的实施过程中，他们也会和我探讨可能存在的问题；在工作结束之际，我总能收到同学们反馈的信息，每当看到他们真诚的建议和意见，我都被深深地打动了。我也深深地感到如果单靠我一个人可能一事无成，最多只能靠辅导员的一点可怜的权力，通过板着面孔的方式来调动他们实现我自己并不成熟的想法，然后在他们把事情弄得一团糟后，站在背后看我的笑话。我没有使用这种权力，我对他们的感激使他们感受到了我的爱；他们没有看我的笑话，而是在我的工作中不断给我以鼓励，用掌声、微笑，甚至用拥抱告诉我，他们很乐意接受我，并且愿意和我一起工作。

我爱我的学生，不是因为我有能力奉献，而是因为我有机会获得。我可能用自己的劳动使我的学生获得一些光亮，但首先要承认的是，是我的学生点亮了我这根可以放出光芒的"蜡烛"。正是他们点亮了我，才使我有机会燃烧，从而实现我作为教师的价值。

现在，我知道，我爱我的学生，是因为我对他们总是心存感激。这种感激使我和我的学生形成了良性互动。我们一起收获了信任、理解、感动、鼓励和成长的快乐。

　　作为一本教材，从理论逻辑来说，其前言一般应该是具有学理性的论述，为教材的全部内容作基本的铺垫。但我想，如果作为读者的学生在前言中没有感到教材，尤其是教师职业道德方面的教材，可能给自己带来的情感激发，还只是一般地从技术层面领略教材的一斑，可能并不会将学生带到这个关系到未来职业灵魂的学科领域中去。因此，与其从学理的层面或高度来告诉学生，教师职业道德修养对于一个师范生的意义，倒不如用我个人对于教师职业的切身体验来表达我对于教师职业道德的感悟，以此作为全书的一个有机组成部分，或许更有意义。为此，我将自己这篇对于教师及教师职业道德表达了真情实感的短文呈现给对"教师职业道德修养"这门学科感兴趣的同学，作为本教材的前言，期望得到理想的效果。

路丙辉

2015 年 2 月

目 录

第一章　教师职业与教师道德

　　教师职业在人类社会中自古有之,充满魅力,令人敬畏。教师不仅承担着继承和传播人类科学技术与文化遗产的重任,还担负着精神再生产的职责。自古以来,中国就特别注重教师的为师之道,认为教师是专门传授各项知识、技艺与人伦道德的,因此,教师必须具有良好的知识素养和道德修养。《礼记·文王世子》云:"师也者,教之以事而喻诸德者也。"汉末大学者扬雄在其《法言·字行》中明确指出:"师者,人之模范也。"

　　在我国社会主义市场经济快速发展的今天,人们的生活方式、价值观念、思维方式等发生变化,并且正以不同的形式渗透到社会的各行各业。传统的教师职业道德也从不同的方面受到影响。如何与现实社会生活相结合,与现代教育相协调,继承和创新教师职业道德,是每一个教师,也是每一个将要从事教育工作的青年大学生应认真学习和思考的问题。

第一节　教师劳动的特点

　　教师职业是人类社会文明发展到一定高度的标志,它的职业性是伴随着学校的产生而产生和发展的。我国教师职业的形成可以追溯到殷商之前。《礼记·明堂位》言:"米禀,有虞氏之庠也。""庠"即为古时的学校,其意为"养",将有经验的人供养于此,主要是一些年老者,让其从事教育工作。这些有经验者可以看作我国最初的教师。随着社会生产力的发展,到了春秋战国时期,社会分工得以逐步实现,文化教育事业有了很大发展,特别是私学的兴起,打破了"学在官府,以吏为师"的局面,教师不再是一种官衔而成为一种独立的职业,这是教师职业形成的初级阶段。到了封建社会,文化教育又向前推进了一步,教师的社会地位也得到了加强。此后的资本主义社会和社会主义社会,教师被公认为是一种崇高而神圣的职业。

教师职业劳动是一种传播文化知识、教育一代新人的社会实践活动,或者说是一种教书育人的实践活动。与其他职业劳动相比较,教师职业劳动具有六个方面的突出特点。

一、目的的双重性

教师的劳动是一种教育劳动,是人类社会中的一种特殊的生产劳动。教育劳动的目的主要不是直接创造某种物质财富或精神产品,而是按照一定社会(或阶级)的要求,有目的、有计划、有组织地对受教育者传授知识、开发智能和培养思想品德,从而把他们培养成为一定社会(或阶级)所需要的人才。在这一过程中,教师劳动的目的是双重的,既要对受教育者传授知识和技术,培养他们运用知识和技术解决实际问题的能力;又要向他们传授社会思想道德,树立正确的世界观和人生观,使受教育者既具有渊博的知识、精湛的技能,又具有深邃的思想和高尚的道德。这也反映了教育劳动既教书又育人的特殊目的。

我国是社会主义国家,我国的教育必须为社会主义建设服务,教师尤其是大学教师的教育劳动必须坚持社会主义方向,必须为社会主义祖国培养一批又一批具有社会主义觉悟、德智体美全面发展的社会主义新人。这是社会主义新时期教育劳动的根本目的,也是每个大学教师应尽的社会责任和义务。

二、对象的多样性

教师教育劳动的对象是正在成长中的有思想、有感情、有理想的活生生的人。不同年龄、性别的学生在个性心理方面有着明显的差异,同时由于各种主客观因素的影响,他们在思想、情感、能力、爱好等方面也各有千秋。这种主客观因素既有来自学生家庭方面的,更有来自社会经济、政治、文化、道德、风俗等方面的。也就是说,在教育对象身上所发生的变化,很多都不是由于教师劳动所引起的。这就形成了教育对象的许多不确定因素。面对这种复杂的教育对象,教师必须充分发挥自己的聪明才智,在了解学生的基础上,利用一切积极因素和条件,对学生施加综合的教育。大学教师的劳动对象则是更为特殊的青年大学生,他们具有区别于一般青年的一些特点,比如文化知识层次较高,独立自主意识较强,有强烈的求知欲望,社会实践经验比较缺乏,人生观和世界观正在确立过程中,有较大的可塑性①。此外,由于受到自身家庭和社会各方面主客观因素的影响,每一个学生还具有许多不确定的变化。作为教师,除了要对学生尊重和热爱,更要深入了解每一个学生,针对学生的不同个性、特点,扬长避短,进行有针对性的教育和培养。

三、手段的示范性

在任何劳动中,劳动者总要使用一定的劳动工具和手段。教师在教育劳动过程中主要使用的劳动手段是什么呢? 主要是指教师自身所具有的素质,包括教师个体的政治思想素质、道德品质、科学文化知识和才能,以及传授知识的本领与技巧。在物质生产劳动中,劳动者(人的因素)和劳动资料——包括劳动的工具和手段(物的因素),两者是可以分离开来的。但在教师的劳动中,这两个因素是融为一体、不可分割的,可以说教师本人就是最主要的劳动手段。这就决定了教师要用自己的言行作出榜样和示范,不仅要用自己的学识,更重要的是要用自己的品格去教人,必须以身为教,为人师表。这主要是由教师劳动的目的——要使受教育者学会做人、做事所决定的。教师在教学过程中,固然需要一定的教材、教具、实验仪器、设备等物质工具,但是教师劳动的主要手段是教师本身的素质,它直接决定着"劳动产品"的质量。教育劳动是教师将人类长期积累的知识成果,通过自己的理解、消化,以一定的方式、技巧传授给学生,并以自身正确的政治思想和优良的道德品质去感染学生。对于教师来说,教育劳动的特殊性对教师本身的素

---

① 文秉模,汪应峰.大学教师伦理学[M].合肥:中国科学技术大学出版社,1991:42.

质要求更高一些,这与教育对象的知识层次和思想境界相联系,也与劳动产品的高级性与专门性相联系。教师素质的高低、知识的多少和能力的强弱将会直接影响教育质量的高低。因此,加强师资队伍建设是搞好教育的关键。

四、过程的往复性

任何劳动过程都是劳动者运用一定的劳动工具和手段作用于一定的劳动对象而生产出一定劳动产品的过程,不过教师劳动过程有其特殊性。第一,体现在劳动过程中的传递性和双向性。教育劳动过程实际上是教师和学生的双向活动过程,教师将知识技能和思想品德通过自己的劳动传递给学生,学生经过接受、转换和内化等过程,将教师传授的知识变为自己的知识,并通过自身的锻炼和修养,形成高尚的人格。与此同时,教师也在教学与研究的过程中不断得到自我充实和发展,所谓的"教学相长"讲的就是这个道理。因此,教育劳动过程是师生双方非常复杂而又特殊的互动过程,它不仅需要师生双方都要端正态度,而且还要研究、探索和掌握正确的方法。第二,体现在教育内容上的重复性和连续性。由于学生个体的特殊性和成长的连续性,无论是知识的传授还是品德的培养,都不是一蹴而就的,教师必须做到不厌其烦,诲人不倦。同时,由于专业与课程的稳定性,教师在培养一批又一批学生的劳动过程中,对每一批学生的教育和培养也是一个不断往复递进的过程。《管子·权修》说:"一年之计,莫如树谷;十年之计,莫如树木;终身之计,莫如树人。"这说明教师对学生的培养是一个长期的、反复的、艰辛的劳动过程。

五、内容的丰富性

教师职业劳动的内容除了自己所承担课程的教学之外,还包括对学生智力的开发、情感的熏陶、个性的塑造、品德的培养、行为的训练等。大学教师的教育内容与中小学教师相比,更在于教学与科研并举的特殊性,这是现代社会和高等教育的发展对教师提出的要求,也是教师追求真理、追求进步的重要表现。固然,中小学教师也承担科研任务,但一般都是结合教学,偏重于对学生心理和教育规律的研究。大学教师在完成教学任务的同时,还要承担一定的科研任务,他们不仅要结合教学对大学生和教育规律、方法展开研究,而且还要承担国家或企事业单位所交给的课题研究,为推动和发展社会生产力服务。同时,大学教师还要结合教学和实习,承担培养和提高大学生以及研究生科学研究能力的任务。这在科学飞速发展、创新不断加强、竞争日益激烈的现代教育中尤其重要。

六、效果的迟效性

每种职业劳动其结果都以一定的物质产品或精神产品来体现,教师职业劳动也不例外。不过,教师职业劳动的最终"产品"是一种特殊的"产品",即掌握了一定科学文化知识和形成了一定思想品德的人。大学教师教学劳动的"产品"应该是具有社会主义觉悟的德智体美全面发展的高级专门人才。这种特殊产品不是大学教师独自劳动的结果,它是在小学教师、中学教师辛勤劳动的基础上继续劳动的结晶。同时,它不是以物化的形式表现出来,而是作为一种潜在的能力,以知识、品德的形式存在于学生身上。学生身上拥有的知识、能力和品德构成了这种产品的质量标准,决定了教师劳动产品的质量效应。十年树木,百年树人,教师劳动产品质量的好坏不是一时可以看出来的,需要接受长期实践的考验。不论是知识的应用还是品德的养成,都需要一个长期的过程。人的身心发展的特点和人才培养的规律也决定了教师劳动的效果具有迟效性,决定了教师劳动产品的价值不能随着教育劳动的完成而直接表现出来。

从以上六个方面的特点来看,教师所从事的教育教学活动本质上是一种道德实践活动。从对"教育"的词源学考察来看,自古以来,教育就是一种培养人、促人向善的实践活动。《说文解字》将教育解释为:"教,上所施下所效也;育,养子使作善也。"《礼记·学记》云:"教也者,长善而救其失者也。"《孟子·尽心上》云:"得天下英才而教育之,三乐也。"《荀子·修身》中则说:"以善先人者谓之教。"可见,他们都将教育看作促人向善的活动。在西方,"教育"一词,英文为"education",法文为"éducation",德文为"Erziehung",均由拉丁语"educare"而来。拉丁文"e"为"出","ducare"为"引",合之为"引出"(1eadout)、"使发挥出"等。柏拉图认为,人心中有种固有的善,而教育的作用就在于把人心中的那种善给引出来,或者让人回忆起那种善;亚里士多德也同样认为教育是以善为目的。从中西方对教育的定义来看,教育自产生时起便具有深刻的伦理内涵。

从教育的对象来看,教育与生命息息相关。教育是为了提高人的生命质量而进行的社会活动,是以人为本的社会中最能体现生命关怀的一种事业。教育是人类与生命保持着最密切关系的一种实践活动,人的生命即为教育的起点。教师面对的是活生生的人,是正在成长中的人,是有着各种需要的生命体,人不同于无生命的物质,人可以根据自己和社会的需要改变、发展。教师必须根据学生身心发展的特点和差异进行教学。正如前文所说,社会中任何其他职业的对象都不如教师职业对象那般复杂,教师对人的影响更长久、更全面,教育的效果更具有长效性和潜在性。

从教育教学活动本身来说,教育教学是一种实践活动。亚里士多德将人的活动分为三种:制作、实践、技艺。在他看来,实践不是一种制作,制作也不是一种实践,其理由有两点:一是因为制作是使事物生成的活动,制作作为一种手段,其目的在于活动之外的产品,对它来讲,作为结果的某种产品高于活动本身;而实践虽然也常常以某种外在的善为目的,但实践活动本身也是目的,即自身的善,因此,实践是一种以自身为目的,或者说目的内在于自身的活动。二是因为技术或制作的主体是制作者与被制作者的关系,是"人"与"物"的关系,只需服从一种自然的原理即可。技术或制作的有效原因在于制作者而非被制作者,技术或制作只不过是作为手段服务于制作者的目的;而实践的研究是对于变动的与多数人相关的人类事务的善的研究,与它相联系的实践理性的活动是属于人的、多数人可以从事的活动。因此,实践是关于人的、属于人的活动,本质上是一种终极的道德关怀,以实现善为目的。以亚里士多德对实践的界定,我们不难发现,教育是这样一种实践:教育过程中的关系是"人"与"人"之间的关系,教育最终是在教育者与受教育者之间实现,教育者必须遵循一定的道德理性,充分发挥教育的作用,使受教育者获得善。

从以上三个方面来看,教师的教育、教学活动本质上就是一种道德实践活动。正如赫尔巴特所说,教学的唯一工作与全部工作可以总结在一个概念之中——道德,道德普遍地被认为是人类的最高目的,因此也是教育的最高目的。教学如果没有进行道德教育,只是一种没有目的的手段;道德教育如果没有教学,就是一种失去了手段的目的。在赫尔巴特看来,不存在无教学的教育,也不存在无教育的教学。

第二节　教师劳动的价值

任何职业的从业人员,首先需要对本职业的存在价值有一个正确、全面而又深刻的认识和理解,这是形成职业荣誉感、责任感和自觉加强职业道德修养的前提和基础。同样,从事教师职业的人,也需要全面深刻地认识教师劳动的价值所在,这是他们增强职业认同感、提高师德修养自觉性的基本前提。

教师劳动不仅能满足社会存在和发展的需要,而且也能满足教师个人生存、发展和自我价值实现的需要,具有两方面的基本价值。一般认为,价值是事物(或人的行为)的有用性与人的需要的契合关系。当某事物(或人的行为)能够满足人和社会的某种需要时,我们称这一事物(或人的行为)具有价值。对于人的行为而言,一种劳动满足非我的需要时被称为社会价值,而满足自我的需要时被称为自我价值。因此,教师劳动的价值就由自我价值和社会价值两方面构成。

一、教师劳动的社会价值

教师劳动的社会价值是指教师在教育教学过程中耗费劳动力而产生的满足社会和他人需要的意义和作用。它是教师劳动价值的主要方面和突出标志。具体而言,教师劳动的社会价值主要表现为以下几个方面:

（一）教师劳动是精神文明建设的重要推动力量

精神文明是社会进步的重要标志，是人类文明的重要组成部分。精神文明是指人们主观世界的改造、社会的精神生产和精神生活得到发展的成果，主要表现为教育、科学、文化知识的发达和人们的思想品德、政治素养、道德水平的提高。教师劳动对社会精神文明的发展起着直接而重要的推动作用。

首先，教师是人类文化的传播者，对人类社会的延续和发展贡献巨大。人类在长期的社会实践中，积累了丰富的经验，创造了灿烂的科学文化，留下了极其宝贵的精神财富。社会要发展进步，人类要走向更高文明，必须首先继承前人创造的优秀文化成果。要使人类长期积累的宝贵精神财富世代相传，光靠劳动合一、口耳相传是远远不够的，根本的途径是通过专门从事教育活动的教师的劳动来实现。教师通过自己的劳动，将前代遗留的精神财富传授给新生一代，使他们在较短的时间内适应现存社会的实践活动，接替老一辈的工作，延续社会的发展。就此而言，教育是人类社会延续和发展的关键因素，教师是连接过去和现在的重要环节，对整个人类社会的发展起着承前启后的作用。

现代教育已经打破了传统社会相继出现的父传子、传男不传女、传贵不传贱、师傅带徒弟等封闭式教学，克服了传统教学中保守性的弊端。这样，整个社会的新一代就成为现代教育活动的对象。现代教师除了采取课堂教学形式外，还通过远程教育方式使教育覆盖面急剧扩大，受教育人数迅速增加，进而使科学文化知识得到更为广泛的传播。教师是先于学生受教育的人，不仅掌握一门或几门专业知识，而且还懂得教育教学规律，了解学生的心理特点。他们有条件、有能力把人类浩如烟海、包罗万象的知识加以选择和概括，并以最快的速度、最有效的方法传授给学生。新生一代可以在较短时间内吸收人类长期积累的直接经验，并迅速获得新的科学文化知识。可见，教育大大地提高了人类文明传播的效率。实践证明，通过教师把前人积累的知识和经验传授给新生一代，是发展社会生产力、推动社会进步的一种最佳途径。

一个国家、一个民族对人类优秀文化遗产的继承，既取决于生产力的发展水平,也取决于教师的劳动。教师在继承和传播人类文化成果方面贡献巨大。

其次,教师是学生智能的开发者,对人类科学文化事业的进步和发展起着重要作用。向学生传播人类已获得的知识经验,固然是教师教学的重要任务,但并非唯一的任务。随着生产力的发展和科学技术水平的提高,新的科学技术日益激增,人类已有的知识和科学技术不断得到更新,而且这种更新速度越来越快。如果一个学生在校期间只是学到了一点书本知识、间接经验,缺乏主动获取新知识的能力,那么他在将来的工作中则很难适应不断发展的新科学技术的要求。因此,教师在教育教学中,就必须把开发学生的智能放在重要位置。用现代教育观点来看,衡量教师的教学质量,主要的不是看教师给了学生多少现成知识,而是看他是否教会学生主动获得知识和有效运用知识,即是否培养和提高了学生认识问题和解决问题的能力。

教师在学生智能开发方面的作用,具体表现为以下三个方面:第一,教师可以向学生系统地传授科学文化知识,这是培养学生创造性思维能力的基础。一个人智能的核心是创造性思维能力,而创造性思维能力的培养则是建立在系统的科学文化知识基础之上的。第二,教师通过揭示新思想、新知识的科学性和真理性,点燃学生的学习热情,激发和培养学生对科学和真理的追求热情和钻研精神,这种强烈的学习欲望和探索真理的热情,是学生各种潜能得到最大限度发挥的重要条件。第三,教师在发展学生智力过程中具有重要的组织作用。组织学生参加各种有益活动,包括科学实验活动、社会调查、参观实际操作、听专题讲座和演讲等,是培养学生运用知识解决实际问题的能力、发展学生智能的一个重要方面。这些活动主要是由教师来组织和承担的。

教师通过自己的劳动开发了学生的智力,提高了学生的能力,这不仅使学生能够适应现代社会发展的需要,而且将促进人类科学文化事业的发展,因为科学的发展实际上就是一个思维创新的过程。可以说,没有智能的发展,就没有科学的发展。

最后,教师是学生品德的培育者,对提高学生及全体社会成员的思想道德素质起着特殊的作用。教书育人是教师的神圣职责和义务,也是基本的职业道德要求。所谓教书育人,就是指教师既要向学生传授科学文化知识,又要培养学生的思想品德。也就是说,教师在学校里既应是教书的老师,也应该是育人的导师;既要向学生传授知识,用人类创造的科学文化知识武装学生的头脑,开发学生的智力,提高学生各方面的能力,又要帮助学生形成科学的世界观、正确的价值观和人生观,用人类崇高的思想、高尚的道德去塑造学生的灵魂,从而使新生一代成为既有丰富的科学文化知识和较强的劳动技能,又有崇高的灵魂、良好的品德和正直个性的人。只有这样,教师才能真正实现社会培养人才的目的。只有既教好书又育好人的教师才算得上一个合格的教师。由于教师在教育劳动中的特殊地位,使得教师的引导和教育,对学生思想品德的形成起着十分重要的作用。

不仅如此,学生良好的道德面貌又将对整个社会的道德生活产生广泛而深刻的影响,促进全体社会成员思想道德素质的提高。教师的劳动,对全社会的文明水准、道德风貌起着基奠的作用。可以说,教师不仅是学生道德品质的塑造者,也是全民族道德建设的促进者。

(二)教师劳动为物质文明的发展提供精神动力和智力支持

教育部门虽然不是物质生产部门,却同物质生产紧密相关。教师劳动虽不直接以生产物质产品的形式投入整个社会生产,但是却以培养生产力当中的主要因素——劳动者的形式而有力地作用于物质生产过程。社会物质生产各部门所需要的科技专家、管理人才及合格劳动者,都是通过教师的劳动培养出来,源源不断地输送到各行各业。不仅如此,教师劳动提高了学生的思想觉悟和道德水准,这些精神因素也是促进生产力发展的巨大精神动力。从这些意义上来说,教师劳动为社会物质文明的发展提供精神动力和智力支持,教育事业和教师劳动是经济发展和社会进步的强大推动力量。

随着科学技术的进步、社会经济结构的发展变化和知识经济的兴起,教育劳动对社会物质文明的推动作用越来越大。现代社会,生产的竞争就是科技的竞争,科技的竞争就是人才的竞争,而人才的竞争归根到底是教育的竞争。当前国际上普遍认为,今天的教育就是明天的科技,就是后天的生产。现代社会物质财富的多寡与科学技术的高低成正比,劳动生产率的高低同劳动者受教育程度的高低成正比,而科学技术的发展、劳动者受教育程度的提高,都与教师的劳动有着密切的联系。

(三)教师劳动对受教育者的成长发展起主导作用

影响受教育者成长和发展的因素是多方面的,有遗传和环境的因素,有家庭教育和社会教育的影响,而学校教育和教师劳动在诸多影响中起主导作用。这是因为,教师职业存在的根本目的就是通过教师的劳动培养人、塑造人,促进人的全面发展。教师是按照预定的教育目的和严密的教育计划,遵循教育的基本规律,通过一定的组织,对学生进行比较系统的教育和引导。这些特点决定了学校教育对受教育者的成长的影响一般要比家庭教育、社会教育大。从儿童时代开始,一个人知识领域的开拓,智能的发展,世界观、人生观、价值观和道德观的确立,文明习惯的养成,都直接与学校教育和教师的劳动紧密相关。一个人的先天禀赋再好,如果没有接受较为系统的学校教育,那么,他在各方面的发展将会受到很大的限制。

随着现代科学技术的发展,产生了许多先进的教学仪器和设备,于是,就有人宣扬机器可以代替教师,学校要逐渐消亡。这种看法是有失偏颇的,再先进的教学设备也永远代替不了教师的作用。这不仅是因为机器设备不可能像人那样灵活地掌握和运用教育规律,更重要的是心灵的塑造是不能用机器予以"加工"的,而只能用心灵感染心灵,即用教师的思想、情感、意志和智慧去感染和熏陶学生。教师在与学生共同进行的教学活动及日常交往中所表现出来的丰富的知识、高尚的品德、良好的行为习惯、坚定的意志等个性特征,都对学生人格的形成起着潜移默化的影响作用。这种心灵对心灵、人格对人格的影响,是任何先进的教学设备都无法代替的。在科技革命日新月异的今天,教师对学生影响的主导性非但没有被代替,相反,表现得更为突出。

概而言之,教师劳动直接创造出社会精神财富,同时也间接创造物质财富。从宏观角度来看,教师劳动同人类文明、国家兴衰、经济发展、社会进步,有着极其密切的关系;从微观上看,它对受教育者的成长成才起主导作用。教师在传播人类文明、启迪人类智慧、塑造人类灵魂、开发人力资源、弘扬和培育民族精神等方面发挥着不可替代的作用。

二、教师劳动的自我价值

教师劳动的自我价值是指作为客体的教师劳动对于教师主体需要的肯定或否定的某种状态,是满足教师自身物质和精神需要的程度。教师劳动除了满足社会需要,具有社会价值外,还能够在许多方面满足教师的自身需要,因而也具有很高的自我价值。只强调教师劳动的社会价值而忽视教师劳动的自我价值,是不全面的,也是不符合事实的。

具体而言,教师劳动的自我价值主要表现在以下几个方面:

第一,教师劳动风险性较小,比较稳定、有保障;教师有较优越的劳动环境、工作条件和工具资料,劳动安全系数也相对较高,这是劳动保障的价值。

第二,教师劳动的精神消耗能够在比较有规律和富有弹性的劳动作息时间内得到较好的补充和调剂。一年中的两个假期也是对教师劳动价值的某种补偿,这一难得的优越性常令其他职业者羡慕不已。

第三,教师运用自身具备的精神力量影响学生的劳动过程,也是教师发挥创造精神、施展与发挥自身才能的过程,满足了教师更高层次的精神需要,这是自我价值的实现。

第四,教师劳动是在与学生相处之中进行的,这不仅能使教师在教育过程中获得经验体会,有助于自身专业技能的提高,而且能享受师生情谊,有利于调节心理状态、保持青春活力。当见闻自己的学生取得成绩,教师也能分享到巨大的成功喜悦,这是其他职业所无法体验的乐趣,这是教师劳动的怡情价值。

可见,教师职业不仅是有着重要的社会价值,同时还充满人生乐趣。战国中期的大教育家孟子,就把"得天下英才而教育之"看作人生一大乐事。如果一个教师能够尽心尽力地教育和培养学生,并以自身的行动作学生的表率,他就能给学生留下终生难忘的深刻影响。他的学生将会十分尊重他,永远感激他,并把他的形象和教诲牢记在心。有人说,当老师有两大好处,一是天天向上,二是永远年轻。马克思在《青年在择业时的考虑》一文中这样说过:"在选择职业时,我们应该遵循的主要指针是人类的幸福和我们自身的完美。不应认为,这两种利益是敌对的,互相冲突的,一种利益必须消灭另一种的;人类的天性本来就是这样的:人们只有为同时代的人的完美、为他们的幸福而工作,才能使自己也达到完美。"①教师职业,正是实现人类幸福和自身完美的职业之一。

总之,教师劳动不仅能满足社会存在和发展的需要,而且能满足教师个人生存、发展和自我实现的需要;不仅有着重要的社会价值,而且具有很高的自我价值。从事教师职业的人们应全面认识教师劳动的价值,树立正确的价值观。在全社会日益重视教师劳动价值的同时,教师更应该重视自己的劳动,创造更高的价值。不管现在人们对教师职业和教师劳动的价值怎么看,教师自己首先应该自尊、自强、自爱、自乐,这是确立教师职业信念,自觉加强教师职业道德修养的前提条件。

第三节　教师道德的特点

一、道德要求具有高标准

教师劳动的特点决定了教师道德不同于其他职业道德,且较之其他职业道德的要求更高。

首先,教师承担着为国家民族振兴和富强培养建设者和接班人的历史重任。国家未来的发展,民族未来的希望,都寄托于教师所培养的人才,这些都对教师的综合素质提出了高标准、高要求,其中首先就是思想政治和道德素质。因此,教师的世界观、人生观和价值观,在当今时代都必须是最科学、最先进的。

其次,教师职业就其行业特性来说,是为后人的攀登提供肩膀的职业,是一种奉献的职业,因此教师必须具有奉献精神。而在一定的历史

①　马克思恩格斯全集:第40卷[M].北京:人民出版社,1982:7.

13

时代,能够践履奉献精神的人总是时代的先进分子。教师只有认识和体验到自己所从事的职业虽然寂寞平凡却崇高而伟大,虽然复杂艰巨却充满了创造性与艺术性,虽然辛苦但却苦中有乐、乐趣无穷,这样才能从内心深处真正热爱它。孟子认为人生有三乐:父母俱在,兄弟无故,一乐也;仰不愧于天,俯不怍于人,二乐也;得天下英才而教育之,三乐也。在这里,天伦之乐是对得起天理良心而产生的内心宁静和满足,这都是基本的,而"得天下英才教育之"所产生的快乐是人生快乐的最高境界。教师的职业道德情感,不仅表现为热爱教育事业,同时也表现为热爱自己的教育对象——学生。

最后,教师是"人类灵魂的工程师",其天职是教书育人。不言而喻,塑造人的灵魂者自己首先得有一颗美好的心灵;能在传播科学文化知识的同时承担"育人"的职责,自己首先得具有"育人"的素质。所以,夸美纽斯说,教师应该是道德卓越的优秀人物。徐特立说:"教师不仅是传授知识,更重要的是教人,教育后代成为具有共产主义思想品质的人。因此,学师范,做人民教师的人,他的思想品质的好坏,也就显得格外重要。"①

教师道德的高标准,体现在职业情感上就是要热爱祖国,热爱教育,热爱学生。教师应当是真诚的爱国者,这种精神在中国的"五四"运动中得到了充分的体现。热爱教育事业、热爱学生的职业情感,既来自对教师职业的社会价值和教师职业劳动特点的深刻认识,也来自于教育劳动实践中的自觉陶冶和培养。爱生之情历来都是教师发自内心深处的高尚情感,师生之间的情谊历来都是人类最真挚的感情之一。教师的爱生之情,会使学生得到信任感、尊重感、荣誉感,从而得到鼓励,看到自己的希望。对教师来说,爱生之情是教师献身教育、诲人不倦的精神动力。一个教师如果具有了深厚的爱生情感,就会时刻把学生挂在心上,就会为学生的进步而感到欣慰,为学生的退步而焦虑不安,为学生的错误而痛心,就会毫不保留地为学生献出自己的全部精力和智慧。

---

① 中央教育科学研究所.徐特立教育文集[M].北京:人民教育出版社,1979:295.

教师道德的高标准,体现在职业道德信念和职业道德意志方面,主要是指教师在任何时候、任何情况下,都能坚信自己所从事的教育事业是神圣而崇高的,都能以足够的信心和勇气去面对来自各方面的偏见、诱惑和困难,矢志不渝地献身教育事业。这不仅是由于教育劳动本身需要更多的奉献精神,而且是因为轻视教育、看不起教师的种种偏见依然存在。教师的劳动一般没有轰轰烈烈、动人心魄的场面,也很少有引人注目、抛头露脸的机会,教师多是在默默地、脚踏实地地走着自己的人生之路。教师的劳动并不像有些人想象的那样是"风吹不着,日晒不着,雨淋不着"的轻松活,它饱含着辛劳:白天上课,课余辅导,夜晚备课、自修、批改作业,周末家访,无论是在学校、在家里、在公共场所,只要有学生就有教师的工作,教师的劳动是"全天候的",既有体力的消耗,又有脑力的消耗。教师的劳动也很少有"立竿见影"的效果,它是一种周期长、见效慢的劳动。这就表明,缺乏奉献精神的人、名利心太重的人是不适合做教师的。卢梭指出:"一个好教师应该具有哪些品质,人们对这个问题是讨论了很多的。我所要求的头一个品质(它包含其他许多品质)是:他绝不做一个可以出卖的人。有些职业是这样的高尚,以致一个人如果是为了金钱而从事这些职业的话,就不能不说他是不配这些职业的:军人所从事的,就是这样的职业;教师所从事的,就是这样的职业。"①有了坚定的职业道德信念,就会有献身职业的崇高追求。伟大的人民教育家陶行知留学回国后,放弃教育厅长的高官不做,抛开舒适的城市生活,终身致力于乡村平民教育,安于"粉笔生涯"三十载,赢来桃李满天下,真正实践了他多年抱定的"捧着一颗心来,不带半根草去"的人生信念。正是这样的坚定信念支撑着他为教育事业鞠躬尽瘁,死而后已。

二、道德行为具有示范性

与其他从业人员相比,教师的职业行为一般都具有道德意义,都可以看作道德行为。教师的道德行为具有明显的示范性。

学生的道德品质正处在形成的阶段,可塑性很大,模仿性强,教师

---

① [法]卢梭.爱弥儿——论教育(上卷)[M].李平沤,译.北京:人民教育出版社,1985:24.

在他们的心目中有着特殊的地位。康克清在纪念第一个教师节发表的《为教师讴歌》的文章中谈道："我曾多次听到，小学生在某一问题上与父母发生争执时，他会理直气壮地说：'这是老师说的。'言下之意，老师是神圣不可侵犯的。很多中学生崇敬自己的老师，一切都以教师为表率，就是已经走上了工作岗位的同志，一经谈起自己的教师，往往也会肃然起敬，感激之情油然而生。"教师在学生心目中的这种特殊地位，决定了教师对学生有着一种特殊的示范性和影响力。无论教师是否意识到，教师（尤其是中小学教师）在教育活动中所表现出来的一切言论、行为、品性，都会在学生心灵上留下痕迹，都会对学生起着熏陶、感染和感召的作用。苏联教育家加里宁说，教师的世界观，他的品行，他的生活，他对每一现象的态度，都这样或那样地影响着全体学生……他应该觉察到，他的一举一动都处在最严格的监督之下，世界上任何人也没有受着这样严格的监督。有位教师也曾形象地比喻说："学生的心灵就如长长的胶片，教师的一言一行，一举一动，都会在上面'感光'，留下永久的印迹。"可见，教师的德行并不仅仅是教师的个人私事，他们如何塑造自己，就是如何塑造学生。

教师职业劳动手段和工具的特殊性，决定了教师道德行为是对学生进行道德教育的一种有效的手段和工具。如前所述，教师劳动的主要手段是包括教师道德素质在内的综合素质，而教师道德行为是教师道德素质的一个主导方面。因此，它必然在教育劳动中发挥着教育手段和工具的功能，在对学生进行思想道德教育的时候尤其是这样。乌申斯基曾经指出：教师的人格就是教育工作的一切，教师个人对学生心灵的影响所产生的力量，无论什么样的教科书，无论什么样的思潮，无论什么样的奖惩制度都是代替不了的。

正因为教师道德言行在教育劳动中有着强烈的示范性，所以，自古以来，严于律己、以身作则、为人师表就成为教师职业的传统美德。在不同的历史时代，尽管社会制度、教育内容不同，但教师在品德上应起表率作用的观念却代代相传。教师应当是一个有修养、爱劳动、爱事业的道德崇高的人。

三、道德影响具有深远性

社会上的各种职业都会与人们发生一定的联系,各种职业道德也就必然会对社会产生一定的影响。但是,由于各种职业劳动的特点不同,其职业道德对社会影响的深度和广度也就会存在差别。与其他职业道德相比较,教师道德对社会的影响更广泛、更深远。

教师道德不仅直接作用于每一个在校学生,而且会通过学生影响学生的家庭和整个社会。学校是培养学生的基地,学生被一批又一批地输送到社会的各行各业,学生们的道德面貌如何,对社会有直接的影响。清末思想家盛宣怀认为,唯师道立而善人多。在现代社会,普及义务教育已成为世界性的潮流,每个人都要经过学校的培养和教育,教师道德也就必然会影响更多的儿童和青少年,影响更多的成年人,影响社会的各个阶层。

教师道德对学生的影响深远,指的是教师道德直接作用于学生心灵的深处,关系到学生发展和品质的塑造。教育是人与人心灵上最奥妙的相互接触。学校是人们心灵相互接触的世界。正是由于教育的这种根本特性决定了教师道德必然会作为一种教育因素,影响学生的内心世界和灵魂深处。在一个人的思想道德品质形成与发展的过程中,教师道德起着决定性的作用。这就是人们称教师为“人类灵魂的工程师”的道理所在。

所谓影响深远,是指教师道德不仅影响一个人的学生时代,而且影响他的一生,进而影响整个民族的前途和未来。教师对学生的影响一旦形成,就不会随着学生学业的结束而消退,更不会消失。有一位老科学家曾撰文说,在所有经历过求学生活的人中,他的最美好、最难忘的回忆里有重要的一席是属于对教师的,而且这种感情不以时间的流逝而淡薄,不以环境的更替而改变。岁月流逝,时过境迁,几十年前的许多往事都已印象模糊了,唯独老师的指点和教诲,记忆犹新,如在眼前。毛泽东在给他的老师徐特立的信中说:“徐老先生:你是我二十年前的先生,你现在仍然是我的先生,你将来必定还是我的先生。”他称赞徐老的革命坚定性和革命第一、工作第一、他人第一的精神;称赞徐老"心里想的就是口里说的与手里做的",是"一切革命党人和全体人民的模范"。这感人至深的文字,充分表明了徐老对青年时期的毛泽东的深刻影响。

伟大的文学家鲁迅先生与他的日本老师藤野先生的师生之情也很深厚。分别多年以后,鲁迅依然十分怀念他的老师。"我总还时时记起他,在我所认为我师之中,他是最使我感激,给我鼓励的一个……他的性格,在我的眼里和心里是伟大的,虽然他的姓名并不为许多人所知。"鲁迅把藤野先生改正的讲义订成三个厚本子收藏着,作为永久的纪念。他在北大任教时,把藤野先生的照片挂在寓所的东墙上,书桌的对面。鲁迅说:"每当夜间疲倦,正想偷懒时,仰面在灯光中瞥见他黑瘦的面貌,似乎正要说出抑扬顿挫的话来,便使我忽又良心发现,而且增加勇气了,于是点上一枝烟,再继续写些为'正人君子'之流所深恶痛疾的文字。"①在此,藤野先生曾经给予鲁迅的教育和影响,成为激励鲁迅做人做事的精神支柱。这正应验了苏联教育家加里宁那句名言:如果教师很有威信,那么这个教师的影响就会在某些学生身上永远留下痕迹。教育是一项塑造人的事业,它是一个国家和民族的百年大计。而教师的道德状况如何,将直接关系到一个国家的社会风尚和一个民族的前途和命运。

第四节　教师道德的作用

一、对教育过程具有调节作用

教师职业道德作为一种行为规范,不但具有教育作用,而且在教育过程中还具有调节的功能。在每个具体的教育过程中,总是包含着各种各样的关系。调节这些关系,首先当然要靠党和国家的方针、政策,要靠学校的教育计划、教学大纲、规章制度和纪律。但是仅有这些还是不够的,建立在人们内心信念基础上的教师职业道德在教育过程中的调节作用,是一切法规、制度等都无法代替的。

---

① 鲁迅.朝花夕拾[M].南京:译林出版社,2013:95.

教师在教育过程中遇到的矛盾关系主要有两个方面:一是教师个人与教师所从事的教育事业、教师职业的关系,二是教师的人际关系。教师与教育事业的关系是教育过程中的基本关系。教师对国家教育事业的认识,对教师职业的态度,会直接影响教育的功效。如果教师不安心或不热爱自己的工作,或者只想从教育中得到个人所要得到的利益,那么就不可能全心全意地培养学生。教师只有按照教师职业道德的要求去做,自觉地适应教育事业的要求,具有献身人民教育事业的思想和道德价值观,才会严格地要求自己,勇于克服工作中的各种困难,战胜各种挫折和阻力,发挥教师的创造性和主观能动性,去争取教育的最佳效果。

教师与学生的关系,是教育中最基本的人际关系。教师和学生同是教育过程中的主要因素,他们的关系是否正常、和谐、融洽,是否符合教育规律的要求,对教育效果影响极大。如果学生内心对教师时时存有戒心,或者教师对学生厌恶和反感,那么教育效果将是不堪设想的。在教师与学生的关系中,教师处于主导地位。教师在选择教育行为时,可以这样做,也可以那样做;教师与学生发生矛盾时,可以这样处理,也可以那样处理。教师道德的调节作用在于,它不仅能够引导教师自觉选择符合教育规律要求的正确态度和正确方法,还能够通过社会舆论的监督和评价,使教师坚持符合道德要求的行为,终止或纠正违背道德要求的行为。相比之下,教师本人的内心信念比社会舆论更重要、更有力,因为它能够通过教师的良心和义务感,经常、主动、自觉地发挥作用。总之,教师职业道德可以使教师在内部和外部力量的共同作用下,正确认识和处理教育过程中的师生关系,把教育祖国新一代的任务完成得更好。

教师职业道德对于调节教育过程中的其他人际关系,如教师与教师、教师与学校领导、教师与学生家长的关系等,同样也具有重要意义。所有这些关系,都直接或间接地影响着教育过程和教育效果。如果教师随心所欲地处理这些关系,就有可能造成或者加剧教育过程中的矛盾,影响教育劳动的整体效应,从而导致教育的失败。而教师道德则可以为教师提供认识和处理这些关系的正确态度和方法,以便随时协调好自己同其他教育者的行为,形成教育合力,更好地对学生开展教育。

二、对学生具有教育作用

教师是学生学习的最直观的榜样。教师的教育对象主要是儿童和青少年学生,他们处在成长和发展的关键时期,对什么是善、什么是恶,什么是高尚、什么是卑劣,什么是有益行为、什么是有害行为,还缺少切身的体验和成熟的看法。他们要懂得做人的道理,就得学习,既要向书本学习,又要向社会学习。教师把教育者对学生提出的思想道德方面的规范要求具体化、人格化,使学生从富于形象性的榜样中受到启迪和教育,从而增强言教的可信度、吸引力和有效性。任何认识都是从个别到一般,从具体到抽象,学生可以从教师的道德行为中认识社会主义社会人与人之间平等、互助、友好、和谐的新型关系,体验社会主义道德的真理性和高尚性。如果教师能够始终如一地用自己的道德人格对学生加以示范和引导,就会有力地促进学生正确的道德观念的形成,并使这种观念向道德行为转化。

教师的道德通过学生所具有的"向师性"发挥教育作用,并体现在学生的模仿行为中。"染于苍则苍,染于黄则黄","近朱者赤,近墨者黑"。儿童和青少年在成长中总是自觉或不自觉地喜欢模仿自己的教师,如同植物总是具有"向阳性"一样,学生总是具有"向师性"。模仿教师的一言一行,就是学生向师性的具体表现之一。教师好的品质,自觉的道德行为,可以为学生所效仿;教师不好的品德,不自觉的道德行为,也会为学生所效仿。著名的小学特级教师王企贤曾深有感触地说过这样一件事:过去,他在上课板书的时候,总是习惯把粉笔顶端的坚硬部分折断,并随手扔在地板上。不料,有一次几个学生到黑板前演算题目时,也都不约而同、动作熟练地把粉笔头折下来扔在地板上。他感到很奇怪,一问学生才知道,这是学生从他那儿学来的,而且全班学生都学会了。王老师这才恍然大悟,以后他无论在课堂上还是在日常生活中,都十分注意通过自己的言行举止给学生以好的影响。

教师道德的教育作用还表现在,有助于在学生中建立起教师集体和个人的威信。这种威信是教育成功不可缺少的。威信不同于威严,威严可以用强制性手段维持,而威信只能来自教师的德和才。有德有才的教师在学生中才有较高威信。

加里宁提醒每个教师都应当注意"孩子们几十双眼睛盯着他"的一段话,是很耐人寻味的。因为"天地间再没有什么东西,能比孩子的眼睛更精细,更加敏捷,对于人生心理上各种细微变化更富于敏感的了,再没有任何人像孩子的眼睛那样能捉摸一切最细微的事物",并提醒作为一名教师必须"时刻检点自己",这应该成为教师的座右铭。

三、对社会文明建设具有积极影响

教师道德的作用,不仅表现在学校教育过程中,而且还会直接间接地影响社会风气,促进社会的文明建设。

首先,学校是社会文明的窗口,是培养未来社会成员的基地。而学校中教师的职业形象则以强烈的形象性和示范性影响着劳动对象——学生。学生在校学习期间,从学校和教师那里耳濡目染,潜移默化,获取许多精神上、文化上、道德上、行为习惯上的营养,给学生人格的全面发展带来不可磨灭的影响。教师的这些影响一经内化到学生的个体人格中,并落实到行动上,便会形成一种精神力量。当他们走向社会,把他们的价值融入社会生产、生活和多种社会关系中,就会对社会文明建设产生巨大的影响。学生的成长发展方向将预示着我国未来的社会文明发展的方向。因此,强化教师职业道德,培养教师高尚的道德情操,促使教师把遵循高尚的教师职业道德和树立良好风气作为自己的责任和义务,从而提高教师的威信,树立教师的应有形象,为学生成长和发展提供学习的楷模和效仿的榜样,这不仅可使学校教育的行业风气得以净化,而且将通过对学生的影响和教育,对社会的文明建设起到巨大的推动作用。

其次,教师是社会文明建设的直接参加者,他们的道德状况反映和代表着一定社会的文明水准。很多大学和中学的教师,特别是大学教师,他们在社会文明建设方面是一支极为重要的生力军。我国多年来,许多的科学研究和发明成果,不论是社会科学还是自然科学方面的,往

21

往出自教师之手或与教师的辛勤劳动密切相关。另外,他们还常常要用自己的知识和才能为社会、为群众服务。教师作为社会文明建设的直接参与者,还表现在对周围人的影响上。学校不是与世隔绝的世外桃源,教师作为普通的社会成员,总是生活在广大人民群众之中,与人民群众有着十分广泛而又密切的联系。教师的劳动关系到千家万户,与整个社会生活息息相关。教师是一支人数较多、分布较广、具有较高科学文化水平的知识分子队伍,他们的道德状况本身就反映和代表着一定社会的文明水准。所以,教师的道德风貌总会直接或间接地影响全社会。

学习与思考

1. 教师劳动有哪些特点?
2. 如何理解教师劳动的自我价值?
3. 教师道德有哪些具体的作用?

第二章　教师职业道德原则

在现实生活中,人们调整和处理各种利益关系总是需要一种公认的具有普遍指导意义的道德准则,这就是道德的基本原则。在每一种职业活动中,人们都需要这样的基本原则。教师职业道德原则是一种特殊职业活动的道德意志,它是教师正常开展教育教学活动的根本指导原则,主导着教师职业道德的一切规范和要求,是衡量和判断教师行为的基本道德标准。作为教师职业道德体系的核心内容,它既决定着教师一切道德活动的方向,又是教师一切道德活动的动力。作为教师道德理论和实践的概括与总结,它贯穿于教师职业道德活动的始终。在整个教师道德体系中,教师职业道德原则占有最突出的位置,发挥着最重要的作用。结合我国教育发展的实践,我国教师职业道德原则主要有乐教敬业原则、教书育人原则以及人格示范原则。

第一节　教师职业道德原则概述

一、教师职业道德原则的内涵

道德原则,也称道德基本原则或根本原则。它是一定社会在道德上对人们的行为提出的最根本的要求,是处理个人利益与整体利益关系的基本的指导原则,是调整人们相互关系的各种规范的最基本的出发点和指导思想,集中反映了特定时代的道德的社会本质和阶级属性。道德原则在一定社会的道德规范体系中居于主导地位,是贯穿各种道德规范体系的灵魂。我国社会主义制度下的道德原则是集体主义,人们各种各样的道德生活正是在集体主义的指导下进行的。

教师职业道德原则不同于一般的社会道德原则,也不同于其他职业道德原则,它是教师这一职业所特有的。两者之间是个性与共性、个别与一般的关系。教师职业道德原则反映社会一般道德原则的基本精神,因而是社会一般道德原则的具体表现形式。在我国,教师职业道德原则应当体现社会主义的集体主义精神,它要求教师要正确处理个人与国家和民族整体利益的关系。

教师职业道德原则也不同于一般的教师职业道德规范,它反映教师职业道德的基本特点,是建立和评价教师职业道德规范的基本依据,对建立和评价教师职业道德规范具有根本性的指导意义。同时,教师职业道德原则也是教师职业中最根本、最具有普遍适用性的道德规范。教师职业道德的一般规范是教师职业道德原则的具体表现形式,可以看作教师职业道德原则的具体化和条例化。它把抽象的原则变成可操作、可执行的行为标准,舍弃教师职业道德原则,教师职业道德规范就会变成没有约束力和实践基础的空洞教条。

二、确立教师职业道德原则的依据

一般来说,确立教师职业道德原则的依据主要表现在以下四个方面:

(一)反映教师劳动的特殊性

教师劳动是确立教师职业道德原则最直接的依据。教师职业道德是从教师长期的教育劳动实践中引申出来的。教师劳动的最大特点是培养人的活动,教师劳动的目的、对象、产品都是人,劳动的主体也同样是人。教师劳动的这种特殊性,向教师提出了道德上的特殊要求,也指明了概括和确立教师职业道德原则的方向,即必须首先反映教师劳动的特殊本质,使之成为与其他职业道德相区别的标志。

教师职业道德的原则还必须贯穿于教育过程的始终。教育过程是个复杂的系统工程,它对教育活动的主体即教师的要求是多方面、多层次、全方位的,这其中必然具有居于核心地位、起着普遍作用的要求,而教师职业道德原则就是这诸多要求的最高概括。

从教师劳动的特殊性这一依据来看,历史上有关教师道德原则的诸多概括和总结也是教师职业道德原则确立的依据之一。这是教师道德作为一种职业道德的特有现象。人们在长期的职业实践活动和职业生活方式中,形成了一定的职业兴趣、爱好和作风,形成了一定的职业习惯、职业行为和职业心理,在这个基础上产生和形成的职业道德,就具有较强的连续性和稳定性,尤其是其中的一些道德原则,可以世代相传。对于教师职业来说,虽然各个时代、各种阶级的教育目的、要求不同,教育的内容也不相同,但是由于教师在从事教育活动中,教育的对象都是青少年,教育活动的方式、教师的职业习惯和职业心理基本相同,如有教无类、为人师表、传道授业、教书育人等道德原则也具有一定的连续性和稳定性,可以为当今教师职业道德原则的确立提供直接的借鉴和参考。

(二)体现整个社会职业道德的要求

教师职业道德是整个社会职业道德的一个组成部分,它的道德原则和道德要求必须体现整个社会对全体从业人员的道德要求,反映和体现社会主义职业道德的基本要求。

社会主义职业道德是一种新型的职业道德,它与以往建立在私有制基础上的职业道德有着本质的区别:第一,社会主义社会虽然有职业的区分和差别,但它们都是为社会主义现代化建设服务的,各种职业的根本利益与社会的整体利益相一致,不同职业之间不具有对抗性质;第二,社会主义社会职业道德肯定从事任何职业的劳动者都是国家的主人,任何职业劳动都是光荣的,没有高低贵贱之分。

社会主义职业道德的主要内容是爱岗敬业、奉献社会等,它要求从业人员必须热爱本职工作,忠于职守,对本职业要有高度的责任感和荣誉感;要求国家利益和集体利益高于个人利益,当个人利益与国家利益和集体利益发生矛盾时,个人利益要服从国家利益和集体利益,必要时要作出自我牺牲。教师职业道德基本原则应该是这一职业道德要求在教师职业道德中的具体而集中的表现。

（三）符合社会经济、政治发展的要求

道德属于上层建筑、意识形态范畴，是由社会经济关系、社会存在决定的。社会经济关系首先是作为利益关系表现出来的，不同利益关系决定着社会道德基本原则的要求，而道德原则和规范的确立，最终是为了调整个人利益与社会利益的关系。因此，作为上层建筑、意识形态范畴的教师职业道德，也必然由社会的经济关系、社会存在所决定，并随着后者的变化而变化。道德与政治思想同为上层建筑的组成部分，它们各自以特定的角度反映经济基础。在阶级社会中，政治关系对道德关系产生重要的影响和制约作用。教师职业道德原则必须反映当时社会的经济关系、政治关系的要求，在社会主义条件下，教师道德原则必须符合社会主义经济、政治的要求。社会主义的经济、政治关系在道德上的基本要求就是集体主义，因此，集体主义理所当然地成为教师职业道德原则的根本依据。教师职业道德原则应当是集体主义在教师职业活动中的集中体现。

根据集体主义道德原则的要求，教师在任何时候都必须要把集体的利益放在第一位，正确对待和处理个人与他人、个人与集体、个人与社会的利益关系，正确处理贡献和索取的关系，反对和抵制个人主义价值观的侵蚀。

（四）在教师职业道德规范体系中占主导地位

教师职业道德规范体系是由基本原则、基本要求和系列规范等构成的一个有机整体，它们既相互联系，又相互区别，各自分属不同的层次，各自都有自己特定的职能。

教师职业道德原则处于教师职业道德规范体系的最高层次，它是社会道德的本质在教师职业活动中的集中体现，体现了教师在教育活动中人际之间最重要、最基本的道德关系，对教师的职业活动具有最根本的指导性和约束力。它贯穿于教师职业活动的始终，在教师道德规范体系中占主导地位。

教师职业道德基本要求处于道德规范体系的中间层次，是教师道

德原则的一般展开和体现,反映了教师道德原则的基本要求和价值取向。教师职业道德规范处于道德规范体系的第三层次,是构成教师职业道德规范体系的基本要素和内容。它是教师在职业活动中应当遵循的具体的行为准则,是教师道德原则进一步的展开和体现。教师职业道德原则总是通过一系列具体的道德规范对教师的教育行为发挥调节和指导作用;反过来,教师道德规范也只有在教师道德原则的主导下才能正确地发挥它对教师教育行为的规定和约束作用。

综上所述,反映教师劳动的特点,体现整个社会职业道德的要求,符合当时社会经济、政治的要求,在教师道德规范体系中占主导地位等,构成了确立教师职业道德原则的依据。

三、教师职业道德原则的地位和作用

在整个教师道德的规范体系中,教师职业道德原则占有最重要的地位,发挥着最重要的作用。

其一,根本的定向地位与作用。道德作为一种价值,对人们的行为总是具有特定的定向作用,也就是人们通常所说的价值导向作用。一般来说,人的行为总是具有特定的价值方向,方向是否合乎社会的要求取决于是否遵循一定的行为规范,道德规范就是其中的一种。教师职业道德原则,在总体上为教师的行为提供了一种基本的价值取向,将教师的行为定位在合乎其职业道德要求的方向上,而不至于使教师在根本上违背教师职业道德的要求。

其二,根本的指导地位与作用。正因为教师职业道德原则具有根本性的定向作用,所以,它在教师的教育教学活动过程中,对教师的行为发挥指导作用。这主要表现在从整体上对教育教学活动过程中的教师行为进行修正和调整,使之避免失范。

其三,根本的评价地位与作用。任何道德要求既是指导人们行为的准则,又是评价人们行为的标准,而道德原则则是最根本的评价标准。在日常生活中,一个人的行为是不是道德的,人们所用的评价标准通常是道德原则,而不是一般的道德规范。如一个领导干部在自己的职业活动中做了某一件不道德的事情,人们总是用是否"为人民服务"

的标准来进行评价,而不仅仅就事论事。同样,教师职业道德原则在教师职业道德的评价中,也充当着主要的评价标准。一个教师在自己的职业活动中的具体行为如果违背了职业道德,如经常上课迟到或提前下课,人们不但会从是否遵守劳动纪律的角度进行评价,而且要从是否忠于职守、教书育人的意义上进行评价。

总而言之,教师职业道德原则在教师的职业活动中的地位与作用是十分重要的。一般说来,把握了教师职业道德原则,也就把握住了教师职业道德的基本要求。

第二节　乐教敬业原则

一、乐教与敬业的含义

所谓"乐教",即乐于教育,指教师要以一种愉悦、快乐的心情投入教育活动中去。乐教之"教"就是教师的教育劳动,乐教之"乐"在形式上是指一种愉悦、快乐的情感,在实质上则是指一种身心和谐、热情投入的境界。这种情感的升华主要不是来自个人的兴趣或他人的赞扬,虽然这也能起到促进的作用,而是同教师的教育劳动紧密联系,是对教育劳动的本质认识和深刻体验之后产生的。一方面,它建立在教师对自己的职业劳动即教育劳动重要性认识的基础上。认识是情感产生的基础,教师一旦对自己劳动的社会价值和意义有了正确的认识,就会产生职业的荣誉感和自豪感,从而产生出快乐、积极的工作热情。另一方面,它也是教育劳动实践的产物,是在长期的劳动过程中不断体验到教育活动的魅力和乐趣而逐渐形成的。"知之者不如好之者,好之者不如乐之者"(《论语·雍也》)。这是教师对待本职工作的一种深厚情感和高尚境界,是推动教师献身本职工作的一股强大动力。有了这种热爱工作的深厚感情作基础,教师就会自觉地将自己的整个身心投入教育劳动中,就会有克服困难的力量,就能在教育劳动的艰辛中体验到真正的快乐,苦在其中,也乐在其中,甚至不知其苦,唯知其乐。

所谓"敬业",即尊重职业,是指教师把自己的职业当作一项崇高而神圣的事业来看待,为此而形成的专心致志、刻苦钻研、努力奉献的精神。职业是值得尊重的,因为不论何种职业,都承担着某一特定的社会功能,都有其自身的社会价值,是整个社会正常运作不可或缺的一个环节。所以,各行各业的人都应该将自己的职业活动与社会的整体需要联系起来,充分认识到平凡劳动的社会意义,以满腔热情对待和投身到自己的本职工作中,这也是每个职业工作者成就自己、实现自我的重要途径。正因为如此,敬业便成为一般职业道德的普遍要求。教师因为承担着特殊的历史使命,更是一种崇高而神圣的职业,尤其值得尊重和敬爱。敬业精神的形成除了对本职工作的性质和意义有深刻的认识,也包含热爱本职工作的深厚情感。敬业从表面上看是一种认真负责、恪守职责的工作态度,实质上它是教师对于自己职业的崇高性、神圣性和正义性充分认识的基础之上而产生的一种坚定的信念,一种对职业充满崇敬并为之奉献的信念和精神。有了这种信念和精神,人们就会把职业视为自己的生命,就会不断地勉励自己,服从岗位要求,钻研业务,不仅会克服一切困难履行自己的职责和使命,而且能够自觉地同一切不利于职业发展的行为进行斗争,维护和发展自己的职业。

"乐教"与"敬业"是一个有机的整体。教师在从事教学活动过程中,不仅要充满热情,还要心怀诚敬,从而树立起坚定的职业道德信念,切实履行好各项职业道德要求,完成自己的教育职责和使命。两者的关系是辩证统一的,乐教中包含对自己从事的教育事业引以为荣的崇敬和自豪,敬业中也包含教师热爱本职工作的浓厚情感和快乐心境。乐教有利于促进敬业精神的形成,敬业也有利于增强教师的职业情感,两者相互包含、相互依存。但比较而言,两者又存在内外、先后的分别。乐教尽管是建立在对职业认识的基础之上,是心有所乐,但它倾向于外在的情感表露,属于道德情感;敬业需有外在的行为或情感表现,但强调的是内心的诚敬或尊重,属于更为内在的道德信念。这样,从职业道德内化的过程来看,道德信念是建立在道德认知和道德情感相统一的基础之上的,所以是先有乐教的道德情感,后有敬业的道德信念。由于教育活动的广泛性和教育对象的多样性,每一个教师在自己的教学过程中可能多少都有一些快乐的经历或体验,但不能说每一个教师都具有敬业的精神或信念。另外，由于道德信念在道德内化或道德品质形成的过程中，处于核心和主导的地位，那么在乐教和敬业的关系中，敬业也就处于更为核心和主导的地位，只有达到了敬业的要求，道德行为的选择和坚持才有更大的稳定性、持久性和一贯性。

我们一般把"敬业"作为社会职业道德的首要要求，这并不是说敬业是最易知易行的职业道德，也不是说只有做到敬业要求了，才能达到其他职业道德要求，而是强调"敬业"是职业道德的核心和根本，可以说它是整个职业道德的一个基本原则。职业道德教育的重点就在于培养从业人员的敬业精神，树立他们的道德信念。有了这一精神和信念，人们就能坚定不移地按照自己信仰的道德要求去自觉履行各种道德义务，完成各种道德使命。这是各行业职业道德共同的根本的要求，同样也是教师职业道德的根本要求。

总而言之，乐教敬业就是要求教师一方面要热爱自己的职业，要以饱满的热情积极投身到教育活动中；另一方面又要尊重自己的职业，以认真的态度自觉履行自己的职责，发扬乐观向上、锐意进取的精神，为培育社会主义新人贡献自己的一切。

二、乐教敬业的要求

教师要在教育活动中坚持乐教敬业的道德原则，必须在以下几个方面加以努力。

第一，真正理解教育职业的重要意义。教师乐于教育、热爱教育、尊重和献身教育事业的美好感情和高尚品质，是建立在他们对于教育的地位、作用、社会意义深刻认识和理解的基础之上的。乐教敬业要成为一种对教师行为长期发挥促进作用的因素，必须建立在这一深刻的、理性的认识基础之上。作为教师，只有充分认识到教师职业的重要意义和自己作为教育工作者的神圣使命，才会对教育工作产生真挚的、深厚的感情，才会做到以从事教育职业为乐，以献身教育事业为荣，并满腔热情地投身教育工作中去；只有真正理解教师职业的重要意义，才不会把教育工作仅仅视为一种谋生的手段，而是将教育工作当作实现自己人生价值的手段，作为自己应尽的社会责任。

　　第二，提高自己的精神境界，坚守自己的职业信念。这是在认识和理解职业价值和工作意义基础上进一步的道德升华。所谓提高自己的精神境界，是指教师应该超越自我、超越个人利益的考虑，而把教育工作视为为社会大众谋福利的事业。所谓坚定自己的职业信念，是指教师发自内心地坚信教育工作的崇高性、神圣性等，不管遇到何种艰辛和困难都始终不渝地追求自己所认定的体现社会大众利益的价值目标。关于前者，有一个如何才能超越自我、如何超越个人利益的问题。任何一种职业，都是基于社会的需要，是一种社会存在，我们只有努力工作、刻苦钻研，不断满足社会大众的需要，才能成就自己。也就是说，我们只有超越了个人利益而把教育工作视为为社会大众谋福利的事业才是正确的理想的选择，这是一种客观现象，也是一种精神境界。由于人们的境界不同，行为的动机也不尽相同，虽然选择的行为表面上没有什么差异，但其结果却可能大相径庭。例如，之所以选择教师职业，有的人可能是将其视为谋生的手段，有的人可能将其视为一种个人兴趣，有的人则将其视为为大众谋福利、为社会求发展的神圣事业。显然，每个人的境界和动机不同，其确立的感情基础和获得的动力支持就会不同。只有将教育工作和社会大众的福利联系起来才称得上是达到了较高的精神境界，教育劳动的效果才会处于最佳状态。

　　第三，刻苦努力，提高自身素质。乐教敬业不是光凭自己的兴趣、热情或愿望就能实现的，它是建立在扎实的专业基础之上和广博的知识学问之中。教师的基本职责就是传授科学文化知识，具体到每一个教师，就是传授本学科的科学文化知识。学生是抱着强烈的求知欲到学校学习的，他们往往能原谅一个教师的严厉，却永远不会原谅一个教师的无知，特别是在他所教学科上所表现的无知。所以，教师要刻苦努力地钻研业务，具备扎实的专业基础、合理的知识结构和过硬的基本功。没有这个前提，就谈不上乐教敬业。刻苦与乐学并不矛盾，乐学者往往就是刻苦者，不能把乐学的热情转化为刻苦的钻研就不可能胜任本职工作；而且只有经过刻苦学习的人，才能真正体验到学习的乐趣。正如陶行知先生所说："所以我们做教师的人，必须天天学习，天天进行再教育,才能有教学之乐而无教学之苦。"①

第四,严谨治学,精益求精。严谨治学对于教师来说,包含两层意思:一是要以认真负责的态度完成教学任务;二是要有不断探索的精神,坚持科学研究。严谨治学是社会和教育发展对教师提出的要求,也是教师自身职责和使命的要求。科学研究包括两个方面,一方面是对教学规律即教学过程中的本质联系的研究。教学规律涉及的范围很广,如怎样处理教与学、教学与研究、教学与管理之间的关系,如何使学生在德智体美诸方面达到全面发展,如何加强学校、社会和家庭在教育过程中的综合效应等,这些都应该是乐教敬业原则中的应有之义。如果教师能恰当地运用教育教学规律,就能更加有效、顺利地完成教学任务。所以,教师要提高自己的专业素质,应当从根本上找到理论基点,这就要把钻研业务、科学研究和掌握教学规律相结合。科学研究还有一个更为重要的方面,就是对教学内容即对本学科知识体系的深入研究。这对于提高教学质量、推进学科发展乃至人类社会的进步都具有重要意义。现有的教学内容即书本知识,只是昨天的科学研究成果,今天的科学研究成果就是明天的教学内容,从这方面讲,科学研究是源,教学是流,二者的关系是源和流的关系,源远流长。只有产生了大量的科研成果,才能实现教材内容和体系的更新,从而推动学科的发展。这种教学与研究的互相结合,不仅是现代社会科学技术发展的特点,更是教师肩负的传承人类文明和培养一代人才的客观要求。所以,科学研究同样是高校教师的"天职"。教师只有把教学与科研相结合,才能培养出适应社会发展所需要的人才,从而真正达到乐教敬业的道德要求。苏霍姆林斯基说:"如果你想使教育给教师带来欢乐,使每天的上课不至变成单调乏味的义务,那就请你把每个教师引上进行研究的幸福之路吧!"②教师坚持科学研究就要讲究科研道德,这种道德要求除了勇于探索、不畏艰难的献身精神以外,主要就是严谨治学、实事求是。科学研究就在于认识和发展真理,真理是老老实实的学问,不允许

① 胡晓风,金成林,等.陶行知教育文集[M].成都:四川教育出版社,2005:769.
② [苏]瓦·阿·苏霍姆林斯基.和青年校长的谈话[M].赵玮,等,译.上海:上海教育出版社.1983:85—86.

有任何虚假的成分。这就要求教师在研究过程中必须做到严谨求实，从发现问题到查阅资料、社会调查、科学实验，从逻辑分析到严密论证、科学抽象、成果鉴定都要严谨求实，反对弄虚作假、文过饰非、断章取义、贬低别人抬高自己等违反科学精神的不道德行为。

三、如何看待教师职业中的"苦"与"乐"

像其他大多数职业一样，教师的职业劳动也充满了苦与乐，并且具有强烈的职业性和专业性。教师劳动的辛苦是人所共知的。首先，它需要全身心的投入。教师的劳动既是体力劳动，又是脑力劳动，是脑力、体力的双支出；教师劳动的特殊性也决定了教师本人是其他任何机器都无法完全取代的教育主体。其次，它需要全过程的投入。教师的劳动虽然有上课下课、学期假期之分，但实际上它又是超出"上下班"时限和阶段性分别的一个连续的过程，除备课、讲课、批改作业、辅导学生以外，教师还要抽出时间从事科学研究等任务，而后者更是一个没有时限的连续过程。最后，它需要全方位的投入。教师的劳动不仅仅限于教室、班级、课堂、校园，凡是有利于学生学习的一切场所，都可以成为对学生教育的地方。如今的学校教育更加强调社会调查和毕业实习的重要性，这样就更加拓宽了教师劳动的领域和范围。除了以上三点，教师劳动的辛苦还突出表现在他们劳动的社会现实价值总是需要通过受教育者的劳动、成果及其才能体现出来，是一种间接价值，因此，他们除了勤勤恳恳地工作，就是默默无闻地奉献，从来没有轰烈显扬之举或功成名就之时。

苦乐是一对矛盾。教师职业有的不只是辛苦，更充满快乐和幸福。教师的职责就是教书育人，其中，教育家韩愈将教书解说为"传道"和"授业"两个方面。以上无论哪一项职责都不是仅有辛苦，更有无比的快乐之所在。

首先是传道之乐。这里的"道"就是社会人生的根本大道，在今天指的是马克思主义基本原理和社会主义基本理论。这是已经被实践证明了的科学真理，它能否得到继续传承和发展，关系到我们国家和民族的未来，而系统传承并不断发展此"道"的任务主要就落在广大人民教师的身上。这是一项艰巨的任务,也是一项包含着快乐和自豪的无比光荣的任务。不仅如此,以"传道"为己任的教师应当是载道和体道者,这是一种至上的人格尊严,认识到这一点,内心同样充满快乐和幸福。古代先哲的"安贫乐道"包含有一定的消极和保守成分,但是这种以道为乐、贫贱不移的气节也包含了个人对整体道德义务的担当,无疑是一种高尚的道德追求。这正是教师职业崇高而神圣的一个重要表现。

其次是授业之乐,即传授科学文化知识的快乐。教师是人类文化的积极传播者。社会要更加进步,人类要更加文明,必须首先继承前人创造的优秀文化成果,而继承的主要途径就是通过从事教育职业的广大教师来实现。一个国家、民族、社会,如果没有广大教师辛勤的劳动,那么其文明过程必将中断,因为,教师的授业是人类社会延续和发展的关键。认识到这一点,同样是一种快乐和幸福。同时,教师在授业的过程中也伴随着创造性的发挥,也是一个自我展示和表现的过程,师生之间的教学相长、情感交流、心灵共鸣等都是其他职业难以体验到的,是人生一种最为生动、快乐的活动。

最后是育人之乐。教师是一种培养人才的职业,在今天就是要培养社会主义事业的建设者和接班人。通过教师的职业劳动成长起来的一代新人,他们的成长就是对教师的肯定,他们的理想实现就是对教师劳动价值的实现,世界上还有什么东西能比自我价值的实现和自我生命的增值更让人快乐和幸福的呢?古人把"得天下英才而教育之"视为人生最大的快乐之一,大概正是出于这样的理解吧。

与教师的辛苦相比较,教师的快乐一般不太为人所知。因为它主要是一种超越一般苦与乐的人生至上的快乐,属于一种较高的精神境界。重温马克思的《青年在选择职业时的考虑》一文极富启示意义:"如果我们选择了最能为人类而工作的职业,那么,重担就不能把我们压倒,因为这是为大家作出的牺牲;那时我们所享受的就不是可怜的、有限的、自私的乐趣,我们的幸福将属于千百万人,我们的事业将悄然无声地存在下去,但是它会永远发挥作用,而面对我们的骨灰,高尚的人们将洒下热泪。"①

第三节　教书育人原则

一、教书育人的含义

所谓"教书",就是教师向学生传授科学文化知识,培养学生科学文化方面的素质。这个过程包括以传授一定学科的知识为中心的课堂教学、科学实验和社会实践等一系列的教学环节。从内容上看,"教书"包括传授科学知识和发展学生的智能两个方面。从形式上看,"教书"不仅局限于课堂,还包括整个实践环节。在现代教学过程中,教师不仅要指导学生读书、听课、讨论、做作业、搞设计、写论文,组织好整个课堂教学,帮助学生掌握和消化科学文化知识和职业技能,而且还要善于指导学生从事科学实践和社会实践活动,引导他们在创造性的活动中能动地学习。因此,不能把"教书"仅仅理解为"讲课"。

"育人"具有特定的含义,特指对学生进行思想政治和道德品质方面的教育,也就是德育。其目的是促进学生的全面发展,实现国家所规定的培养目标。有的人对"育人"作了宽泛的理解,把智育、体育和美育都看成是"育人",从字面上看这是没有问题的,但实际上并不是教书育人的"育人"。

教书育人,是指教师在传授科学文化知识的过程,对学生进行思想道德方面的教育。它把"教书"与"育人"看成一个过程,而不是两个过程。教书育人概括了教师劳动的全部内容,将其作为教师道德的基本原则,反映了国家关于教育的基本方针和政策,体现了教师教育职业活动的基本特点,也合乎教育教学的普遍规律。正因为如此,我们把教书育人看成教师的天职。

关于教书育人,历来存在一些片面认识:今天去"教书",明天去"育人";课堂上"教书",课下去"育人"。这种认识把"教书"与"育人"看作两个互不关联的过程,这显然背离了教书育人的本义。

---

① 马克思恩格斯全集:第1卷[M].北京:人民出版社,1995:459.

　　自古以来,每个社会关于学校教育的方针和政策都会有明确的规定,其中德育目标总是被放在首位。因为,德育目标体现了特定历史时代在政治和思想道德方面对人才的根本要求,所谓"接班人"的条件主要也是政治和思想道德方面的素质。但是,任何历史时代的学校教育,都会把主要的时间和精力放在智育方面,主要是给学生传授科学文化知识和培养学生的技能,而不可能用大量的时间从事政治和思想道德方面的教育活动。在社会主义制度下,我国各级各类学校都配备有从事政治和思想道德教育的专门人员,并且安排有专门的教育时间。但是,学生的政治与思想道德教育,不能仅仅依靠少数从事思想政治教育工作的老师来进行,也不能仅仅靠少量的专门时间来解决问题。这样就提出了一个问题:德育的培养目标如何实现? 政治与思想道德方面的教育如何实施? 从实际情况看,这个问题的解决只能放在智育、体育和美育尤其是智育之中,也就是说,要放到传授科学文化知识和培养技能的教学过程之中。教书育人之所以重要,之所以必须作为教师职业道德的基本原则提出来,正是从教育的这种特殊规律出发的。由此看来,教书育人应是学校进行政治与思想道德教育,实现德育培养目标的主要渠道。

二、教书育人是教师的基本职责

　　教书育人是对教师基本职责的高度概括。在教育发展史上,中外教育家都重视教学活动中的政治与思想道德教育,将其看成教师的基本职责。我国的《礼记》中就有"师也者,教之以事而喻诸德者也"之说,认为教师既要教给学生有关具体事物的知识,又要培养他们立身处世的品德。伟大的人民教育家陶行知先生指出:"教师的职务是'千教万教,教人求真';学生的职务是'千学万学,学做真人'。"教育家徐特立则是把"经师"和"人师"的统一看作教师职责的根本所在,主张把"经师"与"人师"合一,"我们的教学是要采取人师和经师二者合一的","人师就是教行为,就是怎样做人的问题"。苏联教育家苏霍姆林斯基更明确地提出:请你记住,你不仅是自己学科的教员,而且是学生的教育者,生活的导师和道德的引路人。由此我们可以看出,教书育人是教师应尽的基本职责,不同之处在于,不同的时代在"教书育人"的目的、内容和方法上有所不同。

在新世纪,科学技术的发展突飞猛进,知识经济与经济全球化趋势已经形成,竞争日趋激烈,这对人才的选择和要求越来越高。新型人才既要有丰富的科学文化知识和较高的智能水平,又要有良好的心理素质、健康的人格、强健的体魄以及开拓进取、改革创新的精神等。人们已普遍认识到新世纪的竞争归根到底是人才的竞争,人才竞争实质上是人才综合素质的竞争,而所有这些都归结于教育的竞争,归结于教师素质的竞争。就学校教育来说,教书育人是向社会提供这种高素质的新型合格人才的最有效途径。

在我国,培养新世纪人才,是社会主义现代化建设的根本要求。今后一二十年内,学校培养出来的学生,他们的思想道德和科学文化素质如何,直接关系到中国未来的面貌,关系到能否坚持党的基本路线一百年不动摇,关系到社会主义现代化建设的战略目标能否完成。所以,人民教师应当自觉地认清自己的历史使命,主动地适应时代发展的客观需要,履行教书育人的基本职责,既要重视学生的科学文化素质教育,又要切实加强学生的政治与思想道德方面的素质教育,为培养社会主义现代化建设人才而努力奋斗。

能否自觉地履行"教书育人"的基本职责,是衡量教师道德水平高低的基本标志。教师是否忠诚于人民的教育事业,是否忠于职守、爱岗敬业等,无不通过教书育人这个基本点反映出来。因此,每个教师都应当注意不断增强教书育人意识,提高教书育人的能力,做优秀的人民教师。客观地说,将教书育人作为教师职业道德的基本原则是完全可行的。

首先,"书中有道德"。不仅是各种门类的社会科学方面的课程都包含着善的价值,许多自然科学方面的课程也都含有善的价值,如公正、宽容、协作等,这些都是具有普遍意义的道德价值。

其次,教师作为"人类灵魂的工程师",一般都接受过正规的学校教育,很多人还接受过高等教育,都是一些知书达理、崇尚真善美的文化人,一般都具有在教学过程中根据教学内容对学生进行政治与思想道德教育的基本素质。

最后，教学的基本原则，历来是德育与智育相统一的体现。因为，任何知识体系都是建立在一定的世界观和方法论的基础上的，任何教学过程也总是包含着思想教育，单纯的知识传授实际上并不存在。教师在传授知识和培养能力的同时，必然对学生进行世界观、人生观、价值观的教育以及科学思想方法和道德品质的教育。为此，教师在教学过程中，除了应当完成智育任务以外，还要自觉地承担德育任务。就是说，任何教学活动实际上在内容方面都体现科学性与思想性的一致性，在过程方面都体现知识传授与能力培养的一致性，问题只在于有的人能够有此种自觉，善于把"教书"与"育人"统一起来，有的人没有这种自觉，把"教书"与"育人"割裂开来，如此而已。值得注意的是，教学活动中的"教书"与"育人"的一致性是一种客观存在，一个教师在"教书"的过程中不论有没有"育人"的自觉性，"育人"的活动总是内含其中的，只不过在内容和方向上不一定合乎特定时代的道德要求，不一定有利于实现德育培养目标罢了。

三、教书育人的基本途径和方法

第一，课堂教学是教书育人的主渠道。对学生进行政治与思想道德方面的教育，方式是多种多样的，其中课堂教学无疑是主渠道。这是因为，在学校教育中，课堂教学一般所占的时间最长，课堂教学是学校教育最基本也是最主要的形式，自然也是教书育人的主要渠道。为此，教师要善于将德育合理地寓于智育之中。要努力掌握教育科学，遵循教育规律。做任何事情都得遵循一定的规律。毛泽东说过："大家明白，不论做什么事，不懂得那件事的情形，它的性质，它和它以外的事情的关联，就不知道那件事的规律，就不知道如何去做，就不能做好那件事。"[①]教书育人，主要应在课堂教学中进行，而不能放在课堂教学之外。有的学校在贯彻教书育人的道德原则方面，不注意抓课堂教学这个基本环节，却在课外大量增加政治和思想道德教育的时间，或者不管实际素质条件如何，强令专业课教师担任班主任或共青团的工作。这

① 毛泽东选集：第1卷[M].北京：人民出版社，1991:171.

实际上是一种舍本求末的做法,是难以真正贯彻教书育人的道德原则的。

第二,认真钻研教材,发掘其中的思想道德价值。这是教书育人的前提条件。如前所说,"书中有道德",各门学科的课程都蕴藏着一定的思想道德价值和富有哲理的思想观念。一个教师要想真正做到教书育人,就应当深入钻研教材,发掘教材中的价值因素。只抱有教书育人的良好愿望,却又不愿意在钻研教材上下功夫,是不可能有好的效果的。苏霍姆林斯基曾说:"课不仅是以知识的内容教育学生。同样的知识内容,在一个教师手里能起到教育作用,而在另一个教师手里却起不到教育作用。知识的教育作用在很大程度上取决于,知识究竟跟教师个人的精神世界(他的信念、他生活的整个道德方向性和智力方向性,他对自己的教育对象即年轻一代的未来的观点)是否密切融为一体。"①

第三,了解和熟悉学生。这是教书育人的基本环节。了解学生是教师教书育人的基础环节。学生的文化知识基础和思想品德状况,所受到的社会影响的情况等,教师应当做到心中有数。心中有数,就可避免无的放矢,保证"育人"的针对性,提高"育人"的效果。高中和大学的教师,尤其应当做到这一点。

第四,改革教学方法,优化教学过程。这是教书育人经常使用的方法。教师在教育教学过程中要做到既"教书"又"育人",需要改革教学方法。因为,"教书"中有关"育人"的内容,不能"节外生枝"另搞一套,而应是渗透在"教书"的知识和技能的传授之中。有位教物理课的老师,在讲解我国第一颗同步卫星发射成功的有关知识的时候,满怀激情地讲到把握发射准确率的极端重要性,与外国第一颗相比的技术优势,科技人员在研制和发射卫星必须付出的劳动等。他讲的是知识和技术,却同时使学生受到一次极为生动的爱国主义教育,并且懂得了增强守纪意识和培养奉献精神的重要性。

第五,开展富有思想道德教育意义的课外活动。这是教书育人的

---

① [苏]瓦·阿·苏霍姆林斯基.给教师的建议(下)[M].杜殿坤,编译.北京:教育科学出版社.1981:294—295.

辅助手段。在课堂教学之外开展丰富的课外活动,因人而异地组织学生参加各种科技兴趣小组或社团活动,不仅可以丰富学生的学习生活,培养学生的学习能力,而且还可以提高学生观察社会与人生的能力,增强学生的集体观念,陶冶学生的情操,帮助学生养成健康的心理,促进学生的全面发展。

第四节　人格示范原则

教师是学生走向社会、通往科学宝库的引路人。传播文明、塑造人格是教师的神圣职责。有人把教师比作海上的灯塔、百花园中的园丁、人生道路上引人向上的人梯。如此崇高的职业、神圣的称号、光荣的使命,要求教师必须做一个有道德的人、高尚的人、有人格魅力的人,从而真正成为一个为人师表的"人类灵魂的工程师"。

一、人格示范原则的含义

人格示范原则是教师必须遵守的基本道德原则之一。"人格"一词在不同的语境里有不同的界定。心理学家认为,人格是人的性格、气质、能力等特征的总和。社会学家认为,人格是指个体在社会生活中的地位和作用的统一。伦理学家认为,人格是指人的道德境界、道德品质,是"道德主体品格的总和"。也就是说,人格就是做人的资格、做人的尊严和做人的品格之总和,是一个人基本的精神面貌,它体现为人的人格尊严和自立意识。结合以上观点,在教师道德语境里,我们可以把人格理解为教师的性格、气质、能力等特征的总和,它是教师作为教育权利和义务的主体在道德上应当具备的人品和资格。而示范就是作出榜样、作出典范供人们学习。所以,所谓人格示范,就是指教师通过自身高尚的人格力量给学生以良好的榜样示范。它是教师职业道德的主要特征,是教师应当遵守的基本的师德原则。人格示范原则要求教师以身作则、为人师表,发挥人格魅力,以自己高尚的人格去塑造学生高尚的人格。

二、人格示范原则的重要作用

人格示范的力量在整个教育实践中发挥着不可替代的作用,是一种重要的教育力量。教育是一种心灵的交流和人格的相互塑造。而教师是"师表",是榜样,是典范,在这个交流和塑造的活动中占据主动地位,是需要用自己的人格去影响和塑造学生的人格的人。教育者的人格是教育事业的一切,任何章程和任何纲领,任何人为的管理机构,无论它们设想得多么精巧,都不能代替人格在教育事业中的作用。教师的人格是进行教育的基石。教育工作中所实施的一切——观点、信念、理想、世界观、兴趣、爱好等的形成,都在教师的人格这个焦点上汇合。社会上各种政治的、道德的、审美的思想、真理和观点,都会在教师身上反映出来。而所有这一切,又都将通过教师个人世界反映在学生身上,并在学生身上得到更高基础上的再现。可见,教师人格的力量是巨大的,对学生有强烈的感召力和凝聚力,可以给学生以震撼人心的影响和冲击。

教师的人格为什么会对学生产生如此巨大的影响呢?这根源于教师劳动所具有的示范性特点和学生所具有的强烈的向师性及模仿性。教育是培养人的活动。教师的劳动过程,是人与人之间相互作用的过程。教师是用自己的思想、言行和学识,通过榜样示范的方式去直接影响学生的。而青少年又具有向师性和模仿性的特点,这就使得教师的示范作用得以发挥。比如:这个班老师的字写得好,他班里绝大部分学生也写得一手好字;那个班的老师性格外向,他的学生则比较活泼。可以说,教师的世界观、品行、生活态度,教师对每一个现象的观点和看法都会深深影响着全体学生。"野蛮产生野蛮,仁爱产生仁爱",因此,要想学生成为什么样,自己首先应该做到什么样。只有自己具有美好的心灵,才能使学生的心灵更美好。教师崇高的人格对于学生的心灵来说,是任何东西都不能代替的。教师的人格对学生的影响深刻且久远,甚至可以影响学生的一生。我国历史上第一个伟大的教育家孔子

41

被后世尊称为"万世师表",在他一生的教育实践中,他以高尚的人格和言行为学生作出了表率,使学生在潜移默化中受到了教育。他的学生称赞他说:"仰之弥高,钻之弥坚,瞻之在前,忽焉在后。夫子循循然善诱人,博我以文,约我以礼,欲罢不能……"(《论语·子罕》)。这些话表现出了学生对孔子人格、学识的由衷敬佩。可见,一个成功的教师,一定是一个富有人格魅力的教师。而这种人格的魅力,不仅仅指高尚的道德品质,还指教师在思想、品德、才能、学识等方面所形成的文化品格。它并不是一种单纯的性格或特质,而是多方面的综合呈现,是通过长期的教育实践而形成和发展的独特的感染力、影响力与号召力的总和。优秀的教师必然具有非凡的人格魅力。

人格魅力在塑造学生心灵的过程中对学生的影响,是其他任何影响都难以比拟的。这种最现实、最鲜明、最有力的教育手段是其他任何教育手段都无法替代的。就像德国著名教育家第斯多惠所说,教师本人是学校里最重要的师表,是最直观的、最有教益的模范,是学生最活生生的榜样。

三、人格示范原则的具体要求

真正的教师,首先应该是人格之师。人格之师应具有怎样的人格魅力呢?美国著名教育家保罗·韦地博士概括出一个好教师人格魅力的十二个方面:友善的态度、尊重课堂内每一个人、耐心、兴趣广泛、良好的仪表、公正、幽默感、良好的品性、对个人的关注、伸缩性、宽容、有方法。可见,理想人格不是单方面的,而是品格、学识、修养等多方面的综合。一个具有人格魅力的教师,除了具有渊博的知识、博大的胸怀、高尚的道德品质、对待事业和学生满腔的热情之外,还有很多方面的优秀品质。塑造有魅力的人格当然不是一朝一夕之功,教师应该在日常的教育工作中严于律己,不断加强自身修养,自觉去修炼、养成。因此,教师要塑造理想人格需要从多方面入手,需要多方面努力。这不但是人格示范原则的基本要求,也是教师道德高尚的重要表现。这里我们重点强调以下几点:

(一)严于律己,真诚守信

教育学生不是演戏,绝不能搞双重人格;绝不能表面一套,背后一套;绝不能说一套,做一套。只有真正发自内心、表里如一、言行一致,才能在学生身上产生潜移默化的影响,才能使学生受到教育、感染和熏陶,引起他们的共鸣和仿效。教师的以身作则,远胜于一切说教。

在日常的教育教学中,很多教师只注意要求学生应该如何如何,却忽略了自己的为人处世和言行举止。有的教师要求学生讲诚信、不虚伪,自己却信口开河,言而无信;不允许学生上网聊天、打游戏,自己却躲在办公室里偷偷上网聊天、打扑克、玩游戏;不允许学生带手机,自己却在上课时间接电话、发短信;不允许学生喝酒,自己却一身酒气,醉醺醺地站在讲台上;有的教师严禁学生吸烟,自己却在学校设有禁烟标志的公共场合吞云吐雾;有的教师要求学生遵守学校的作息制度,自己却无拘无束、来去自由;有的教师要求学生对人有礼貌,主动打招呼,可是面对学生的问候时却是一脸的麻木、一脸的严肃……不必抱怨学生不好管,仔细观察就会发现,有些学生的问题恰恰出在教师自己身上。所以,要求学生做到的,教师首先要做到;要求学生不做的,教师要坚决不做。

教师答应学生做到的事情,无论是一件非常非常小的事,还是一件超出自身能力范围的事情,都要尽力去做,不要疏忽,不要搪塞。否则,不但得不到学生的尊重,身为教师的威信也会在学生心目中一败涂地,学生甚至由此会对整个社会产生不信任感。

"教育者先受教育",教师应努力加强自身的道德修养,自重、自省、自警、自励,从自我做起,严于律己、以身作则。一定要说到做到、言行一致,做诚信的表率,通过自身的行动、自身的人格来影响、感染、带动学生。这是一名有人格魅力的教师必须具有的品格。

(二)襟怀坦诚,正直大气

学生究竟喜欢什么样的老师呢？在一次问卷调查中,学生给出了这样的答案:对自己影响最大的是教师的个性和品质,而这其中他们最为喜欢、认为非常重要的品质就是正直。大约63.5%的学生选了这一点。正直自古就是被人们称颂的高贵品质。而作为教师,正直更应是其人格中的重要组成部分。有人说,有知识而不正直的人,是危险的;正直而没有知识的人,是无用的。教师要教育出正直有用的人来,就必须自己行得正、做得正、心放正。一个教师,无论拥有多少才华、多少学识,如果没有正直的优秀品质,一切都只是枉然。教师的魅力不仅表现在上课时娓娓道来,更重要的是具有浩然正气、正直务实的作风。

正直的教师,襟怀坦诚宽厚,为人堂堂正正,说话掷地有声,办事言行一致,处事廉洁自律;正直的教师,正气凛然、疾恶如仇,不卑不亢,坦荡磊落;正直的教师,面对灯红酒绿的花花世界毫不动心,在寂寞的教学生涯里坚守自己的一方净土;正直的教师,对社会丑恶现象拍案而起,大声疾呼,横眉冷对,绝不丧失人格;正直的教师,对身边的邪恶残暴能够出手制止,面对学生说真话、办真事,正大光明……

陶行知先生说,千教万教,教人求真;千学万学,学做真人。这实际上道出了教育的真谛,教师应该具有一种正直的人格力量,教会学生如何做人。所以,教师要用自己正直的人格,把学生塑造成正直之人,塑造成富有正义感和道德良知的有用之人。

(三)风趣幽默,和蔼可亲

网上流行一个"最受学生欢迎的十种老师"的帖子,其中,风趣幽默的老师是最受学生喜欢的老师之一。帖子上说,这种教师讲课往往用具体生动的事例引入新课,深奥的道理讲得深入浅出、浅显易懂。他们在学生感到疲劳时就会来几段风趣幽默的故事逗学生快乐,让学生乐学,激发学生的兴趣和热情,调动学生学习的积极性,使学生学得轻松愉快而且效率高。学生讨厌那些讲课枯燥乏味而且要学生死记硬背的老师。

幽默是一个好教师最优秀的品质之一。做一名有人格魅力的教师,幽默感是不能缺少的。幽默的拉丁文原意是"起润滑剂作用的液体",师生间常常需要这种"液体"来"润滑"。教师的幽默,主要是指教师能用寓意深刻而又诙谐有趣的语言进行教育和教学。教师的幽默是教师思想、气质、才学、视野和灵感的结晶。它犹如一根神奇的魔棒,常能使语言于瞬间闪烁出耀眼多彩的火花。教师的幽默益智明理,是才华的流露;教师的幽默诙谐轻松,折射出的是真善美的心灵之光。教师的幽默,不仅可以活跃课堂气氛,调节情绪,愉悦精神,而且可以融洽师生关系,增强教师魅力;不仅可以激发学生的学习兴趣、求知欲望,而且还能开启学生的心智,活跃学生的思维。

幽默是一种魅力、一种能力、一种艺术,是能够培养的。如何更好地发挥幽默的作用,使教师更具人格魅力呢?

首先,教师要心中有爱。教师有了对学生发自内心的爱,才能平等地对待学生,其幽默的语言听起来才会风趣有味,才会有教育意义。嘲笑或冷冰冰的讽刺是无法达成教育效果的。当然,也只有爱,才能激发教师的语言机智。

其次,幽默要契合教学目的和内容,符合学生实际。幽默是为了使学生在轻松愉快的课堂气氛中获取知识、增长才智,而不应当随便运用与教学无关的幽默语言。教学幽默不是一大堆笑料的堆积,它不能脱离教学内容,必须与教学内容和谐一致,教师只有根据教学内容的性质和需要巧妙地使用教学幽默,才能有助于学生加深和拓宽对教学内容的理解。同时,教学幽默的深浅程度应与学生对幽默的理解以及接受水平相一致。如果幽默教学脱离了学生的实际,就难以引起共鸣,幽默就可能变形、走味,成为无聊的插科打诨了。

最后,幽默不是油腔滑调,不是轻浮,幽默要不失威严和风度,幽默要有趣味又不失品位,这才是教师应具有的幽默魅力。正如有位名人所言,浮躁难以幽默,装腔作势难以幽默,钻牛角尖难以幽默,捉襟见肘难以幽默,迟钝笨拙难以幽默。只有平等待人、游刃有余、超脱从容、聪明透彻,才能幽默。教育大师的幽默,不仅来自他们高超的智慧、才艺和渊博的知识底蕴,更来自于他们宽广的胸襟和高深的修养。

　　总之,人格示范原则要求教师从各方面严格要求自己,使自己的人格得到全面发展,从而为学生树立榜样,塑造学生健康、完整的人格,为社会主义祖国培育全面发展的人才。

学习与思考

1. 教师职业道德原则确立的依据是什么?
2. 如何理解乐教敬业原则?
3. 教师的人格示范原则有哪些具体要求?

第三章 教师职业道德规范

规范即准则、标准,社会生活中有各种各样的规范,如法律规范、语言规范、技术规范等。道德规范是社会规范的一种形式,是一定的社会或阶级从社会整体利益出发形成和概括的,是人们在某种社会关系中应当普遍遵循的行为准则,是调整人们之间利益、判断人们行为善恶的准绳。在社会生活中,存在着许多不同的职业,每一种职业都有不同的职业道德规范体系。教师职业道德规范是教育过程中教师与社会以及个人之间道德关系和道德行为的普遍规律的反映,是一定社会或阶级对教师行为的基本要求的概括。它是在教育教学的职业活动中教师应当普遍遵循的行为准则,是调节教育过程中参与者关系的标准体系。

第一节 爱岗敬业,为人师表

一、爱岗敬业

人类社会在其发展中产生了分工与合作,并由此产生了多种多样的职业。每种职业都有其特定的社会职责,这就要求从业人员忠于职守、爱岗敬业。对于教师来说,爱岗敬业既是教师坚持全心全意为人民服务的宗旨,是履行集体主义最具体和最集中的体现,也是教师实现人生价值,追求自己人生幸福最现实和最可靠的途径。

首先,要热爱教育,关心教育,树立教育事业心,乐于为教育事业而献身。事业心是一种与人生价值观相联系的坚定的职业信念,表现为对自己所从事的事业的执著追求。教师的事业心是教师从事教育活动的内在驱动力,有了事业心,才能产生强烈的责任感,才能克服各种困难,全力以赴地做好工作。泰戈尔说:"花的事业是甜蜜的,果的事业是珍贵的,就让我干叶的事业吧。因为叶总是谦逊地垂着她的绿阴的。"这几句话用来形容人民教师的劳动,非常生动贴切。试想,没有叶,哪有花的甜蜜和果的珍贵呢?没有人民教师的辛勤劳动,哪来的现代化建设人才和社会主义现代化的实现呢?教师的劳动是平凡的,教师的劳动是艰辛的,然而教师的劳动又是快乐的。当教师看到自己培养出来的学生成为我们伟大社会主义祖国现代化建设各行各业的合格人才,成为社会有用之才时,那种为人之师的激动、喜悦、幸福、自豪是他人所不能领略到的。

教师的劳动是平凡的,但平凡之中孕育着伟大。著名教育家蔡元培先生说,小学教员在社会上的位置很重要,其责任比大总统还大些。"苏联教育家苏霍姆林斯基指出:"教师的教育劳动的独特之处是,为未来而工作。今天在孩子身上所培养起来的,要在几年之后,甚至是几十年之后才会成为一个成熟人的公民性、道德和精神面貌的因素。"①十年树木,百年树人,正是由于教师劳动的特殊意义和复杂性造就了远非其他职业所能比拟的师道之魂。

自古以来,教师被喻为"人类灵魂的工程师",教师这项职业被赞誉为"太阳底下最光辉的职业"。因此,要求教师在这个岗位上要安于清贫,淡泊名利,努力去除追名逐利、拈轻怕重的市井心理的干扰,以平平常常的心态、高高兴兴的心情,去干实实在在的事情。教师的劳动是繁重和复杂的,难以有严格的时空界限,难以准确量化和随处监督,这就需要教师具备高度的职业自觉性和工作主动性,不急功近利,时刻不忘责任,一心想着事业。"春蚕到死丝方尽,蜡炬成灰泪始干",这是教师无私奉献精神的形象写照。一位已有几十年教龄的中学校长总结出人民教师需要三种精神:一是愚公精神,辛勤耕耘,始终不渝;二是献身精神,办好教育需要广大教师胸怀坦荡,淡泊名利,宁静致远,视权势如敝屣,轻富贵如浮云,一心扑在人民的教育事业上;三是创新精神,时代不断进步,科技不断发展,教师要主动适应时代,更新教育内

---

① [苏]B.A.苏霍姆林斯基.帕夫雷什中学[M].赵玮,等,译.北京:教育科学出版社,1983:2.

容,才能为祖国培育合格人才。热爱教育,树立教育事业心,要在行动上自觉地严格要求自己,安心从教,爱校如家,尽职尽责,力求出色地完成学校交给的教育教学工作任务。

其次,要求广大人民教师时时、处处坚持以正确的教育思想教书育人。正确教育思想的核心是全面贯彻党和国家的教育方针,重视受教育者全面素质的提高,使受教育者坚持学习科学文化知识与加强思想道德修养的统一,坚持学习书本知识与投身社会实践的统一,坚持实现自身价值与服务祖国人民的统一,坚持树立远大理想与进行艰苦奋斗的统一。

最后,要有认真负责的工作态度。爱岗敬业,最终必须落实到每一个教师认真负责、精心从教的工作态度中去。教育过程中的任何轻率、失误和随意性,都会给学生造成不良的、甚至是终身不可挽回的影响。教育家乌申斯基说:"教育家在数量上不得少于甚而应当比医学家还要多,如果我们把我们的健康信托给医学家,那么我们就要把我们子女的道德和心智,信托给教育者,把子女们的灵魂,同时也把我们祖国的未来信托给他们。"①因此,作为人民教师,必须具有高度的社会责任感。在教育教学过程中的各个环节——备课、上课、批改作业、课外辅导等方面都要十分严肃认真,不得敷衍塞责、应付了事,更不能在上课时随意迟到、早退,接打电话、抽烟等个人行为更是不能允许。给学生良好的思想品德教育,随时随地注意教育学生学会做人,给学生以良好的影响,绝不能随意发牢骚,说怪话,传播损害学生身心健康的迷信思想和拜金主义、享乐主义、个人主义等腐朽思想。总之,每一个教师都应该清楚地认识到,三尺讲台虽小,却是教师的人生大舞台,它是教师从事教育活动的公开的公共场所,不是教师随意表达个人情绪的地方。

二、为人师表

唐代大文学家韩愈说:"师者,所以传道授业解惑也。"指出了教师的基本任务就是教书育人。作为一个教师,教会学生做人是首要的职责。而教师教会学生学会做人最根本的途径莫过于以身作则、为人师

① [苏]乌申斯基.人是教育的对象[M].李子卓,等,译.北京:科学出版社,1959:11.

表。我国著名教育家、革命家徐特立同志就曾指出,师生的相互关系,首先就要谈教师的人格问题,因为教师是领导者,所以不能不谈教师的人格。教师是有两种人格的,一种是经师(因为中国过去教经书中知识的称经师,现在是教科学知识,为了容易记,所以仍袭用这个名称)。一种是人师,人师就是教行为,就是怎样做人的问题。经师是教学问的,就是说,除了教学问以外,学生的品质、作风、生活、习惯,经师是不管的;人师则不同,这些东西他都管。我们的教学就是要使人师和经师二者合一,每个教科学知识的人,他就是一个模范人物,同时也是一个有学问的人。这就说明了教师必须是经师和人师的统一体。"经师易得,人师难求",说明做一名人师是很不容易的,要求教师以身作则,为人师表。

为人师表是教师的本色,也是社会对教师的角色期待。"师表"就是表率、榜样的意思。为人师表就是指教师用自己的言行作出榜样,成为学生学习和效法的楷模。法国的启蒙思想家卢梭这样说:只有一门学科是必须要教给孩子的,这门学科就是做人的天职……我宁愿把有这种知识的老师称为导师而不称为教师,因为问题不在于要他拿什么东西去教孩子,而是要他指导孩子怎样做人。教师的劳动是一种以人格来培育人格、以灵魂来塑造灵魂的劳动。为了使学生的人格得到健康发展,教师首先必须致力于塑造自己高尚的人格,做到为人师表。这样,可以促进学生提高道德认知水平,可以给学生的行为提供示范和引导,可以融洽师生关系,可以帮助学生克服不良影响,矫正不良行为,养成良好行为习惯。

第一,教师要做到为人师表,就要模范地遵守社会公德。社会公德是一个社会精神文明的综合指标,是社会风尚最基本的标志,也是社会道德的基石和支柱之一。我国社会公德的基本内容就是"五爱",即"爱祖国、爱人民、爱科学、爱劳动、爱社会主义",这是社会主义全部道德建设的基本要求和集中概括。教师要做到为人师表,就必须高标准地遵守"五爱"的要求,成为学生和全社会的楷模。此外,还要做到诚实守信,坦诚相见,爱护公物,遵守秩序。这里需要特别指出两点。其一,教师要做到诚实、守信、守时,不迟到、不早退、不缺课、不拖堂。守时是现代社会对人的一项基本要求。如果教师不守时,那只能会给学生造成这样一种印象,即别人的时间是可以随便占用的,也会造成学生不守时,随意浪费别人的时间。严格守时,不仅是一种诚实守信的道德品格,同时也说明了教师驾驭教学内容的高超技艺。其二,教师要有环保意识。环境保护已成为一个全社会面临的严峻课题。环境保护要从娃娃抓起,其关键是教师要有环保意识,教师在组织课外活动和校外郊游等活动中要模范遵守社会秩序,爱护公物,保护环境,给学生以良好的示范和引导。

第二,教师要做到为人师表,就必须自觉规范自己的言行举止。衣着、发式、修饰、打扮要得体,注意自己的仪表。教师不能不拘小节、不修边幅,也不能打扮得花里胡哨,这样会给学生以错误的引导。教师的仪表反映着教师的内在品质及个人的人生追求和精神面貌。教师的精神状态和面貌直接影响着学生的精神状态。教师的语言必须规范、准确,行为举止要文明,展现出良好的教养。这里应特别注意的就是课堂上的教态,如表情、手势、动作、眼神都要准确、得当,富有美感和亲切感,使之成为实现教学目的、提高教学质量的有效手段。同时,在日常交往中,也要注意自己的言行举止,体现出自身良好的礼仪修养和对他人的尊重。

第三,教师要做到为人师表,还必须严于律己。教师在道德行为上应保持高度的自觉性,在人格上努力朝着更全面、更和谐、更完美的方向发展。要时时、处处、事事提醒自己:凡是要求学生做到的,教师自己首先要做到;凡是要求学生不做的,教师也不能做。在思想作风上,要努力做到实事求是、表里如一,切忌弄虚作假、装腔作势、阳奉阴违、表里不一。在工作作风上,要努力做到认真严谨、雷厉风行、讲求效率,切忌敷衍塞责、马马虎虎、拖拉推诿、互相扯皮等。在待人处世上,要做到光明正大、胸襟开阔、诚实正直、信守承诺,切忌两面三刀、虚情假意、空许诺言。在生活作风上,要做到端庄稳重、平易近人、亲切大方,切忌举止轻浮、粗俗野蛮。

第二节　关爱学生,尊重家长

一、关爱学生

关爱学生是师德的灵魂。亲其师,信其道。没有爱,就没有教育。教师必须关心、爱护全体学生,尊重学生人格,平等、公正地对待学生,对学生严慈相济,做学生的良师益友,保护学生安全,关心学生健康,维护学生权益。

关爱学生是中国古代师德理论的重要内容。大教育家孔子对自己的三千弟子就极其热爱和关心,无论是在政治思想、品德作风、学业才能方面,还是在日常生活细微之处,无不关怀备至,提出了"仁者爱人"这一教育理念。孟子把"得天下英才而教育之"作为其人生一大乐事、幸事,并躬身力行。除此之外,孟子还特别强调"仁者爱人,有礼者敬人。爱人者,人恒爱之;敬人者,人恒敬之"(《孟子·离娄下》)的思想。荀子在孔子、孟子上述思想的基础之上,进一步强调教师在热爱学生、关心学生的同时,还应该对学生严格要求。正如《三字经》所述:"养不教,父之过;教不严,师之惰。"中国古代教育家热爱学生、关爱学生,是建立在高度的自觉性基础之上的,形成了中国古代师德发展历史上的一个优良传统。

关爱学生是教师所特有的一种职业情感,是和谐的师生关系得以存在和发展的基础,更是教师应具备的重要的道德品行。正如伯特兰·罗素所说:"凡是教师缺乏爱的地方,无论品格还是智慧都不能充分地或自由地发展。"[①]苏霍姆林斯基在《给教师的一百条建议》中指出:"如果教师没有爱好自己学科的学生,或者没有通过自己对科学的热爱使学生受到感染,劳动中的自我教育也是不可能的。"[②]古罗马著名教育家

---

① 华东师范大学教育系,杭州大学教育系.现代西方资产阶级教育思想流派论著选[M].北京:人民教育出版社,1980:104.

② [苏]B.A.苏霍姆林斯基.给教师的一百条建议[M].赵殿坤,编译.北京:教育科学出版社,2000:222.

昆体良也强调:教育者在教育过程中要与教育对象建立深厚、和谐的师生关系,尤其是要建立师生之间的亲密友谊。"因为在这种感情影响之下,学生不仅将愉快地听讲,而且会相信教师的教导,愿意仿效教师……他们的错误被纠正时不会生气,他们受到称赞时会感到鼓舞,他们会以专心学习尽力争取教师的珍爱。"[①]昆体良在《雄辩术原理》一书中还指出,教师热爱学生,但还必须以严格的纪律约束学生的行为。

教师为什么应该热爱、关爱自己的学生?因为教师不仅仅是知识的传授者,更是精神的熏陶者和道德的体现者。教师不是一般人,是培养人的人,这是教师与其他职业不同的地方。教师是从事培养人的特殊的职业,指向人的精神世界,是学生成长的重要影响因素,是对学生身心发展具有重要影响的个人或群体。教师对学生的身心健康乃至今后的人生有着重要的影响。

教师关爱学生的实质就是最大限度地促进每一个学生的发展。因为教师与学生的关系是教师道德所调节的伦理关系中最根本、核心的利益关系,学生利益具有道德上的优先性,而从教育的实质来看,最大限度地促进每一个学生的发展,就是学生的最大利益,最具有道德优先性。正如法国启蒙学者洛克所说:"学生最渴望的是教师的爱。"师爱是一种强大的力量,是发挥学生主观能动性的动力。师爱犹如春雨,不论滋润什么样性格的学生的心田,都会产生巨大的效应——使学生看到自身的价值,产生向上的力量,进而自励进取。正因为如此,学生渴望爱的抚育,有时甚至超过对知识的追求。学生得到教师的爱,自然而然地会激发出学生对教师的爱,反馈回去,形成爱的双向交流。师爱不仅能够提高教育质量,也会促进学生成才,影响学生的身心发展、人格形成、职业选择和人生道路的转变。师爱之心对于每一名教师的职业道德培养与提升都是不可或缺的,它构成了师德修养的灵魂。

需要注意的是,师爱不同于父母的爱,师爱是对民族的爱、对祖国的爱的具体体现,是一种无私的、不求回报的爱,是一种"给予",但这种"给予"不是为了学生而牺牲自己的生命,而是教师生命潜能的表

---

① 任钟印.昆体良教育论著选[M].北京:人民教育出版社,2005:28.

达,也是对教师自己的生命、成长、自由的肯定。正是在爱的"给予"中,教师体验到自己的力量,体验到自己生命的存在。

关爱学生是教育的基础,没有对学生的爱就没有教育,这是每个教师应有的信念。关爱学生是教师的天职,那么教师应如何关爱学生呢?

(一)关心和了解学生

关爱学生首先意味着关心。教师之爱不仅是一种征服人的热情,也不仅是打动人的高尚情感,它更展现出一种主动性,即为教育事业尽心尽力,使学生健康成长。缺乏这种主动的关心,就不是爱。而有了这种爱的教师,必然会为学生的点滴进步而欣喜,为学生的失败而难过。他们会积极投身到教育教学中,毫无保留地贡献出自己的精力、才能,总是力求找到最好的教学方法,进行创造性的教学。

关爱学生还需要了解学生。教师要了解每个学生的过去和现在,了解学生成长的家庭环境和经常接触的各种人和事,了解学生表现在外的优点和缺点以及学生的内心世界。每个学生都是有思想、有情感、有个性的活生生的人,一个教师如果对每个学生的实际情况心中不明,缺乏深入、全面的了解,那么,他不但不能从每个学生的实际情况出发,在思想上、学习上、生活上全面关心学生、爱护学生,而且也不能真正做好教育和教学工作。教师只有全面地了解学生,在教育学生的过程中努力挖掘、仔细发现学生的长处和闪光点,才能找到适合的教育切入点和启动点,充分调动学生的学习积极性。

因此,关爱学生必须关心和了解学生,时刻把学生放在心上,经常主动与学生沟通交流,体察学生的内心世界,全面地了解学生的学习、生活、思想、健康等情况,与学生建立起和谐、友爱的师生关系。一个热爱学生的老师,只有想方设法了解学生的一切,才能打开学生心灵的大门,找到适合学生个性特点的教育途径、方法,使师爱发挥出更大的作用;也只有真正地关心和了解学生,才能从实际出发,有的放矢地教育学生,取得良好的教育效果。

（二）尊重和信任学生

教师之爱意味着尊重，教育成功的秘密在于尊重学生。没有尊重，爱就很容易沦为控制与占有。尊重包括尊重学生的人格，不讽刺、挖苦学生，也包括尊重学生的自主发展。尊重不是惧怕和敬畏，不是放纵和溺爱，它意味着要按照教育对象的本来面目看待他，使之按其本性成长和发展，成就他的独特个性。每个学生都是一个独立的人，拥有独立的思维。因此，教师必须努力让自己的教育和教学适应学生的思想认识规律，绝不能把自己的意志强加给学生。尊重学生的人格、自尊心和正当的兴趣爱好，对学生多一些鼓励，少一些训斥；多一份肯定，少一份否定；多一点表扬，少一点批评。尊重学生就是最好的教育手段，一个懂得尊重学生的老师，才是一个合格的老师。

关爱学生也要信任学生。应充分理解学生、信任学生、欣赏学生，呵护学生的创造潜能，切勿伤害学生的自尊心和自信心。有尊重才有理解，有理解才有信任，有了信任，教师才可能深入学生的内心世界，准确把握学生的心理状态，才能与学生进行心灵的沟通，才能收到良好的教育教学效果。尊重和信任学生，与学生建立起一种平等、民主与合作的关系，真诚地与学生交往，给学生以真诚的理解和帮助，这样教师才能成为学生心目中的良师益友。

（三）严格要求学生

爱而不严不是真正的爱，严格要求也是师爱的一个重要表现。严格要求学生是指认真地管理和教育学生，它是使学生沿着正确的方向发展，成为合格的接班人的必要条件。没有要求就没有教育，没有教育也就没有要求。严格要求学生，就是要求教师按照现行教育方针和教学大纲的要求，严格训练和教导每个学生。可见，严是有标准的严，是在一定范围内的严，是符合教育规律的严，是有利于学生德智体美等方面全面发展的严，不是摧残学生身心健康的严。严格要求不是惩罚学生，而是严中有慈、严中有爱、严中有理、严中有方、严中有度，使学生对老师敬而爱之，而不是敬而畏之。

教师教育学生,必须是爱与严相结合,对学生的严格要求是出于真诚的爱。严以爱为基础,爱以严为前提,严爱结合,爱而不纵,严而不凶。教师要掌握合理、适度的分寸,做到严慈相济、严中见爱。

(四)公平对待学生

关爱学生就要公平对待每个学生,教师应公平、全面地关心和爱护每个学生。不论相貌、性格或性别差异,也不论学生优劣,教师都应一视同仁,不偏爱,不歧视。尤其对待后进生,对待"不守规矩的调皮学生",更应特别关心、爱护。

教师处事应公平合理,要消除成见,客观公正,以有利于学生全面发展。同时,教师应该承认和尊重学生的差异,不能硬性地按照整齐划一的标准来评价、要求每个学生。教师要创造适合不同学生健康成长的教育,而不是选择适合教育的学生。在教学中,我们应该分层施教,帮助学生在各自的基础上取得发展,针对不同层次学生的发展水平,提出不同层次的要求,使每个学生都能获得成功的喜悦。

总之,师爱是一种激励学生个性健康发展的无可取代的教育力量。爱是春雨,能滋生万物;爱是桥梁,能沟通师生的心灵。有了爱,师生之间就能以诚相见、心心相印;没有爱,就没有真正的教育。关爱学生是教师道德规范的基本要求,是每个教师应必备的,也是教师献身教育事业、搞好教育工作的原动力。

二、尊重家长

尊重家长是新时期我国教师一个重要的职业道德规范,反映了教师与家长关系的基本要求。在教师的职业生涯中,最重要的人际关系对象是学生和家长,教师尊重家长,与家长团结协作,能够充分调动各种教育力量,形成强大的教育合力,共同培育社会主义现代化建设人才。

第一,教师尊重家长是赢得家长尊重的前提。教师与家长之间的关系如何,直接影响着学校与家庭能否形成合力,关系着学生教育培养质量的高低。心理学的研究表明,人们都有这样一种心理倾向,即喜欢那些同样喜欢自己的人，尊敬那些同样尊敬自己的人，而不喜欢、不尊敬那些讨厌、歧视、疏远自己的人。"爱人者，人恒爱之。"作为新时代的教师，要处理好与家长之间的关系，首先要满足家长被尊重的需要。只有这样，才能赢得家长的尊重和信任，才能保证在育人上的步调一致，才能密切配合，形成合力。

第二，教师尊重家长是实现培养目标的重要条件。首先，教师尊重家长可以弥补学校教育之缺陷。学校和家庭是学生活动、学习和生活的主要场所。学校是按照一定的教育方针与培养目标，向学生传授科学文化知识、职业技能和社会行为规范的专门机构，在学生的身心发展中起主导作用。但学校教育也有它的局限性，比如，在长期的应试教育机制下，教学中往往片面追求升学率，容易使学生丧失学习兴趣，也容易扭曲学生的个性。学校中存在的这些缺陷，可通过家庭教育来弥补，家长与子女间天然的血缘关系，也是家长对子女产生影响的重要因素。因此，教师要尊重家长，联系家长，充分利用家庭教育优势，准确把握学生的思想、言行和学习状况，争取家长配合，共同教育、培养学生。

第三，教师尊重家长有利于教师工作的顺利开展。教师是连接学校教育与家庭教育的桥梁和纽带，他们可以使学校教育与家庭教育有机地统一起来，形成强大的教育合力。而且在教师与家长的关系中，教师处于主动地位，起主导作用。如果教师不注意尊重家长，不广泛争取家长的配合，也就谈不到主导作用。从人际交往的角度看，教师尊重家长具有三个方面的意义。一是有利于信息沟通。教师尊重学生家长，可以使双方关系融合、相互联系密切、沟通渠道畅通，可以使教师和家长在相互交流信息的过程中，对学生思想、学习和生活等方面的情况进行了解，从而对学生作出客观的评价和施以有效的教育。二是有利于优化环境。一个人的成长要受到家庭、学校和社会三种因素的影响，其中，社会是大气候，家庭和学校是小环境，而且家庭和学校又是十分重要的、可塑造的环境，教师尊重家长，可使双方携起手来，同心协力，共同优化育人环境。三是有利于互助互补。一般来说，教师和家长在职业和生活阅历、工作经验、思想水平、知识能力等方面存在差异，这种差异决定了彼此之间的交往具有互助互补性。

为了协调好学校教育与家庭教育的关系,形成教育合力,教师和家长双方都应作出积极努力。

一要主动加强联系,谋求共同立场。家长的职业、素养不同,对子女教育方法和重视程度不同,这就要求教师主动与家长取得联系,启发他们关心孩子的成长,指导他们运用科学的方法去教育子女。教师主动与家长取得联系,体现出一种积极进取、团结协作的精神。在与家长交往中,教师的主动会促进双方的感情交流和相互理解,会促使许多矛盾得到化解,会促进教育合力的形成。

二要及时取得联系,谋求解决方案。教师及时与家长联系,共商教育良策,能有效解决学生成长过程中的困难,促进学生健康发展,还能增进教师与家长思想、情感的交流。否则,如果教师对学生成长中的困难视而不见、听而不闻,不仅使学生感到困难重重,丧失前进的动力和信心,而且容易导致家长对教师的不满,影响双边交流的顺利进行。教师要及时发现问题,与家长一起查找问题产生的根源,探索解决办法。

三要征求意见和建议,谋求支持、配合。任何一位老师,无论具有多么丰富的实践经验和深厚的理论修养,都不可能把复杂的教育工作做得十全十美,不出差错。而且随着民族素质的整体提高,家长的水平也在不断提高,他们的许多见解值得教师学习和借鉴。因此,教师要提高认识,博采众长,主动征求家长的意见,虚心听取他们的批评和建议,不断改进工作。这样做会拉近与家长的心理距离,使家长对教师由敬而远之到密切联系,从而诚心诚意地支持和配合教师工作,维护教师的威信。

四要尊重而不迁就,待人公正平等。尽管在教师与家长关系中,教师起主导作用。但他们在人格上是完全平等的,不存在尊卑、高低之别。因此,教师必须尊重家长的人格,尊重家长教育子女的正确观点和方式、方法。但尊重家长不等于迁就,对正确的要支持,对错误的要真诚予以纠正。教师要一视同仁,不要因为学生的表现有好有坏而对待其家长的态度有善有恶。尊重别人是自尊的表现,也是得到别人尊重的前提。

五要教育学生尊重家长,提高父母威信。一个好老师,不仅要自己身体力行地尊重家长,而且要教育学生尊重自己的父母,特别要教育那些父母文化水平不高的学生尊重父母。一方面,能提高家长在学生心中的地位,树立家长的威信,使家庭发挥更大的教育作用。另一方面,当家长看到孩子在教师教育下健康成长,对自己又是那样尊敬时,心里会衷心地感谢教师,更加信任教师。这样,形成教育合力就是自然而然的。

六要帮助家长转变观念,提高教育方法和艺术。教师有责任帮助家长明确教育目的,了解教育原则和方法,从而提高教育子女的水平,改变不适当的教育方式。首先,要帮助家长更新家庭教育观念,树立教育子女的责任心。抚养和教育好子女是每一个家长应尽的义务。家长不仅要保证孩子的生活需要,而且要有科学的家庭教育观念,主动与社会、学校密切配合,共同教育、培养孩子。其次,要帮助家长明确家庭教育应主要突出德育,家长应把培养孩子的高尚品格作为第一任务。再次,要帮助家长运用正确的教育方法,诸如教育孩子要从点滴做起,坚持正面教育和积极诱导,给孩子以理智的爱,对孩子的教育应有一定的计划及标准等。最后,教师在帮助家长时,一定要选择好机会,把握好分寸,态度要诚恳,说理要清楚透彻,设法让家长感到教师所提的要求都是善意的、合理的、可接受的。

只有尊重家长,正确处理教师与学生家长的关系,才能赢得家长的尊重、理解与合作,使学校教育与家庭教育间建立和谐、有序的联系,从而共同实现培养学生的教育目标。

第三节　严谨治学,诲人不倦

一、严谨治学

严谨治学是教师在提高业务水平方面应当遵循的道德准则,是教师完成教育教学任务必须具备的基本条件。

教师的天职是向学生传播科学文化知识和教会学生做人,这就决定了教师必须认真钻研业务,不断学习、不断提高、不断进取。当然,业务知识、业务能力本身并不归属于道德评价的范围,也就是说,不能简单地、机械地把一个人业务水平与道德水准直接等同起来。但是对待业务知识和技能的态度,包括愿意不愿意不断学习,肯不肯钻研业务,是不是坚持高标准、严要求,具备不具备创新进取精神,则反映着一个人的道德水准,即他的职业理想和工作态度,这就是一个职业道德问题。严谨治学是教师爱岗敬业的一个重要表现。著名的教育家叶圣陶先生曾经指出:教师对自己从事的教学工作抱什么态度,对掌握业务专门知识抱什么态度,这也是师德问题。因此,严谨治学,不断进取,不断提高业务水平,对于教师来说,其道德意义就显得更加突出。

第一,要做到严谨治学,就要树立优良的学风。学风是一个人世界观、人生观、价值观和道德品质的具体体现。树立优良的学风,需要从如下几个方面努力。一是求真务实。学习是为了求取科学文化知识,获得科学真理。因此,在学习中必须养成认真严肃、实事求是、尊重真理、尊重知识的态度,来不得半点虚假,要反对松松垮垮、马虎大意、不求甚解、主观臆测的作风。做学问、求知识要老老实实,要耐得住寂寞。在社会主义市场经济条件下,存在着形形色色的诱惑,容易造成教师心态的不平衡,因此,教师还应经得起各种诱惑,不急功近利。二是不断进取。现代科学技术的发展日新月异,知识的总量大约一年至一年半就要翻一番。终身学习、终身接受教育已成为一切从业人员的立身之本。教师只有一边工作,一边坚持分秒必争、锲而不舍地学习和追求新知识,才能不断提高教育教学水平,胜任新世纪的教育教学工作。陶行知说:"要想学生学好,先生必须好学。唯有学而不厌的先生,才能教出学而不厌的学生。"[①]三是慎思明辨。教师不仅仅是要向学生传授科学文化知识,法国启蒙思想家卢梭说,不要在教天真无邪的孩子分辨善恶的时候,自己就充当了引诱的魔鬼。这就要求教师在学习的过程中要善于审慎地进行思考、敏锐地辨明是非,分得清真与假、美与丑、善与恶,同时还担当着帮助学生分清真与假、美与丑、善与恶的

---

① 陶行知.陶行知文集[M].北京:教育科学出版社,1981:82.

责任。

第二,要刻苦钻研业务,探索教育教学规律,不断改革创新。教师除了自身需要具备相应的科学文化知识之外,还要懂得教育与教学的规律,掌握教育教学的方法、手段。教育既是一门科学,又是一门艺术。不懂得教育与教学规律,不会分析学生的心理特点,不善于运用灵活多样、生动活泼的教育教学方法,就难以成为一名优秀的教师。有一位师范大学的老教授经常对自己的学生说,既然选择了教师这份职业,那么,就要立志成为一个教育家而不是教书匠。一个普通的教师要成为教育家不是不可能的,重要的是看我们怎么理解"教育家"。只要我们热爱自己的教育事业,刻苦钻研,不断进取,不仅能够成为优秀的人民教师,而且有希望成为人民的教育家。当然,一切的成功都需要从一点一滴做起,脚踏实地,一步一个脚印。例如,深入学习和掌握教育学、教育心理学等方面的知识;认真研究和领会掌握课程标准和教学大纲,明确学科教学目的和要求;深入钻研教材、熟悉教材、掌握教材;讲好每一堂课,始终注意不断提高自己的教学能力;不断总结自己的教育教学经验;等等。总之,问题不在于我们想做什么,而在于我们正在做什么,已经做了什么。

二、诲人不倦

诲人不倦是教师热爱学生的重要表现,是一种崇高境界。它是一种美好而积极的情感,不仅能唤起教师对自己劳动的极大兴趣和爱好,也能促使学生内心产生积极的情绪,增强自信,从而引导学生积极进取,奋发向上。要做到热爱学生、诲人不倦,就要努力做到关心爱护全体学生,尊重学生的人格,平等、公正地对待学生;对学生严格要求,耐心指导,不讽刺、挖苦、歧视学生,不体罚或变相体罚学生,保护学生的合法权益,促进学生全面、主动、健康地发展。

第一,要努力做到关心爱护全体学生。党和国家的教育方针是使每一个受教育者在德智体美等方面全面发展。面向全体学生,关心爱护全体学生是贯彻教育方针的基本要求。教师对学生的爱应当具有普遍性,关心爱护每一个学生,对学生一视同仁,不要因学生的家庭状况不同而采取不同的态度,也不应当因学生的学习成绩好坏或与教师关系的亲疏程度不同,以及教师与学生、家长的私人关系、私人交往程度的不同而另眼相看,也不能只是把爱施予自己喜欢的几个"得意门生"或学习成绩优秀的、聪明活泼的学生。诚然,要爱每一个学生,特别是要爱 后进生往往确实不容易,但也应转变观念,笃信"老师眼里没有差学生"。古人尚且能够做到"有教无类",我们如今的人民教师难道反而做不到?

第二,要尊重学生、保护学生。热爱学生就要尊重学生的人格和自尊心。人都是有自尊心的,教师应当像保护自己的眼睛那样,保护学生的自尊心。否则,伤害了学生的自尊心,不但会影响学生的成长和发展,而且可能在孩子幼小的心灵中造成难以抚平的创伤。这种创伤将可能成为学生挥之不去的阴影。教师尊重学生,尊重学生的人格、个性、自尊心,信任学生,就会激发起学生的学习主动性、积极性。因此,从这个意义上说,教师尊重学生,特别是尊重、信任每一位学生,是在塑造学生的灵魂。近年来,不少媒体都有关于教师讥讽、体罚学生而对学生造成伤害,甚至是学生自杀的报道。所以,这里应当特别强调的是:任何情况下,都不允许教师讽刺、挖苦、歧视学生,更不能允许教师体罚或变相体罚学生,因为这样做不仅违背师德,而且违反法律。尊重学生,就要保护学生,保护他们的受教育权利、人格尊严、人身安全和身心健康不受侵犯。教师要学习未成年人保护法等相关法律法规,依法维护学生的合法权益。

第三,要严格要求、耐心教导。教师对学生的爱是无私的、崇高的,不是狭隘的,不是溺爱,更不是无视学生的错误和缺点。遵循热爱学生、诲人不倦的道德准则,就要严格要求学生。俗话说,"严师出高徒。"严格要求,一般应遵循以下四条原则:其一,严而有格。即要有正确的标准,教师提出的一切要求要符合党和国家的教育方针,要有利于学生的成长和发展。其二,严而有度。即教师提出的各项要求要符合学生的身份、年龄和特点,不能超越学生的实际情况,否则,严格也就毫无意义了。其三,严而有恒。对学生提出的要求要始终一致,不怕反复,坚持到底,不能时有时无、时紧时松。其四,严而有方。即要有科学、灵活的方法作保障。教师对学生的严格要求能否收到效果,关键在于方法。

第四节　依法执教,清正廉洁

一、依法执教

党的十五大从建设有中国特色社会主义政治、继续推进政治体制改革的高度,第一次提出了把依法治国、建设社会主义法治国家,作为治理国家的基本方略,这具有重大的历史意义和现实意义。党的十八届四中全会更是将依法治国提高到新的高度,全会一致通过的《中共中央关于全面推进依法治国若干重大问题的决定》鲜明提出了"建设中国特色社会主义法治体系,建设社会主义法治国家"的命题,在中国共产党领导中国人民实现"两个一百年"奋斗目标、实现中华民族伟大复兴中国梦的征程上,写下了浓墨重彩的时代华章。依法治教、依法执教是依法治国的一个方面,用法律法规来保障教育发展,规范教育管理,协调教育关系,调整教育纠纷,保护师生和学校的合法权益,是我国教育事业健康发展的基本保证。对于广大教师来说,依法执教是坚持正确职业行为方向的保证。

所谓依法执教,就是要学习和宣传马克思列宁主义,自觉遵守教育法、教师法、未成年人保护法等法律法规,在教育教学中同党和国家的方针政策保持一致,不发生违背党和国家方针、政策的言行。依法执教要求教师知法、守法,在其全部职业行为中始终坚持正确的方向。从这个意义上说,教师在坚持正确职业行为方向的问题上,遵守法律和遵守职业道德具有高度的一致性。

首先,要学习和宣传中国特色社会主义理论体系,拥护党的基本路线,全面贯彻国家的教育方针。这是教师坚持坚定正确的政治方向的前提和根本保障。教育是有阶级性的,社会主义的教育必须坚持社会主义方向,要为社会主义现代化建设培养人才,这要求每一位教师要立场坚定,具有坚定正确的政治方向。作为人类灵魂工程师的人民教师,必须"讲政治、讲学习、讲正气"。为此,每个教师都要自觉地用科学理论武装自己的头脑,坚持解放思想、实事求是的思想路线,科学地认识和把握社会主义的本质,牢固树立建设中国特色社会主义的理想和信念。每位教师都有责任、有义务积极宣传中国特色社会主义理论体系,并用其武装学生的头脑,引导学生树立马克思主义的世界观、人生观、价值观。教师还要认真学习邓小平同志提出的相关教育理论。邓小平同志提出的教育理论深刻地揭示了我国社会主义教育事业的本质和发展规律,内容涉及教育的地位和作用,教育事业发展的指导方针,教育的性质、方向和培养目标,教育体制改革等各个方面。学习马列主义、毛泽东思想、邓小平理论、"三个代表"重要思想和科学发展观,深入学习习总书记系列讲话精神,要坚持理论联系实际,学以致用,提高分析现实问题、解决现实问题的能力。

党在社会主义初级阶段的基本路线是以经济建设为中心,坚持四项基本原则,坚持改革开放。作为人民教师,时时、处处、事事都要保持清醒的头脑,保持政治上的敏锐性和坚定性,提高政治辨识能力,坚持抵制一切反对四项基本原则和改革开放的错误思潮和言行,在党的基本路线指引下,通过培养德智体美全面发展的社会主义建设者,来实现教师自身的人生价值。

其次,要增强法律意识,自觉遵守和贯彻相关的法律法规。党的十五大就明确提出了"增强全民的法律意识"的要求,人民教师无疑应当在这方面发挥带头作用。把坚持正确的职业行为方向自觉地提高到遵守法律、依法办事的高度来认识。改革开放三十多年来,我国的教育法制建设取得了历史性的进展,初步建立了有中国特色的教育法律法规体系的基本框架。目前已颁布了六部主要教育法律,即《中华人民共和国义务教育法《中华人民共和国未成年人保护法》《中华人民共和国教师法》《中华人民共和国教育法》《中华人民共和国职业教育法》《中华人民共和国高等教育法》。除此之外,还颁布了十六项教育行政法规、两百多项教育行政规章。这些都是每个教师应当认真学习、掌握和贯彻的教育法律法规。每个教师都应自觉遵守法律法规,增强法律意识,懂得自己依法执教的重大责任。

二、清正廉洁

清正廉洁不仅是出仕为官者的重要道德规范,在社会主义初级阶段,教师作为人类灵魂的工程师,更应牢记它的道德意义和道德要求。所谓廉洁从教,是指教师在整个从教生涯中都要坚持清正廉洁的行为准则,不收取学生及家长的钱物,不贪占公共和他人的钱物,不沾染社会上出现的一些贪、贿等恶习,始终以清廉纯洁的道德品行为学生和世人作出表率。

清正廉洁不仅是党和人民对教师的重要要求,也是教师从教的前提。在新的世纪,清正廉洁具有重要的意义。

第一,清正廉洁是教师为师之本。廉洁是师道之前提,师道是立教之根本。古人云:"不受曰廉,不污曰洁。"说的是不受贿赂,不接受不属于自己的东西,不贪图他人财物,不占不贪,洁身自好。这是为人的根本。教师作为肩负社会育人大任的工作者,也当以廉洁立世为真、为善、为美,廉洁也是教师职业的本质要求,是教师形象的感人魅力。"师者,所以传道授业解惑也。"教师要通过传道来育人,自己必须首先修身养性、品德高尚,必须做到正直、清廉,才能对学生言传身教。正如《礼记·学记》中所说:"师严然后道尊,道尊然后民知敬学。"只有这样,教师才具有为人师表的人格魅力;只有这样,"师道"才能确立,教师才能教人为真、为善、为美,才能使学生和世人敬而学之。为师不廉,师道必坏,师道坏则必误学子。因此,为人师必须要加强自身修养。"修身慎行,敦方正直,清廉洁白,恬淡无为",这是为师立教之根本。正如苏霍姆林斯基所说,智慧要靠智慧来培植,良心要用良心来熏陶。

第二,清正廉洁是社会和人民对教师的新要求。由于教育是用人类积累起来的先进思想、知识和技术来教育后代,传承人类文明,延续和发展人类的历史文化。所以,人们在选择和确定教师时就特别慎重,一定要选择那些品德高尚、行为端正、学识渊博的人来当教师。孔子曰:"其身正,不令而行,其身不正,虽令不从。"也正是由于教师人选都是出类拔萃者,因此才能做到为人师表。在社会主义社会,教师的教书育人的目的是为社会培育人才,教育和引导广大青少年学生树立科学的世界观、人生观、价值观和道德观,向着社会主义所要求的人才方向前进,培养社会主义"四有"新人。当前,我国正处在市场经济的大潮中,受拜金主义、享乐主义、利己主义等腐朽思想影响,为此,把"廉洁从教"确定为教师职业道德中的一条规范,更具有鲜明的现实性和针对性。廉洁从教,是教师职业道德中的一条最重要的规范,是新时期对教师提出的具体要求,也是人民教师的崇高风范。

第三,清正廉洁有助于匡正社会不良风气。清正廉洁,不仅是教师对学生进行有效教育的良好人格条件和内在基础,而且对形成文明的社会风尚也具有重要意义。教师如果率先垂范廉洁奉公的优良品行,不仅能对学生进行言传,而且还能以身示范,一方面教育青少年学生认识腐败之丑恶和危害性,另一方面教育学生做一个清廉正直之士,就能为匡正社会中的消极腐败现象奠定人才基础,同时还能以教师的廉洁形象来教育、影响、感化社会中的成员,树立反腐倡廉的榜样。可见,教师清正廉洁,对塑造世人道德、净化世人灵魂、净化社会风气、促进社会和谐,具有重要的社会意义。

清正廉洁是教师的天职,是时代的呼唤,是人民的期望,体现了人民教师的人格魅力和高尚情操。这就要求教师们努力做到以下三个方面。

一要坚守大义,不取非法之利。我们说的"义"是指合乎正义或公益的举措和行为。坚守大义是中华民族的传统美德,是社会主义的道德标准,是指国家和人民的事业、利益和要求高于一切的具体行为。作为人之模范的人民教师,要做到清正廉洁从教,必须坚守大义。首先,坚持高尚情操,树立明确的义利观。情操即情感操守,指人的坚定而高尚的道德情感和道德品质。在人类历史中,只有那些同广大人民利益相符合、同社会进步相一致的情操,才是高尚的情操。在今天,它也是社会主义道德建设和精神文明建设的重要内容,同时是教师职业道德中的重要内容。人民教师要坚持高尚的情操,按照社会主义事业所要求的内容和操守从事教书育人的事业,要以大义为先,私利居次,做到个人利益必须服从国家、人民和集体的利益,任何时候不能舍义取利,要鄙弃唯利是图、自私自利的行为。其次,要发挥奉献精神,抵挡住金钱名利的诱惑,坚持崇高的职业信念。具有奉献精神的人民教师,热爱自己所从事的教书育人事业,不会斤斤计较个人得失,更不会贪图他人、集体和社会的钱物,具有战胜困难、顽强拼搏的意志力和大无畏精神,能抵制拜金主义、享乐主义、利己主义思想意识的进攻和侵蚀,抵挡住金钱名利的诱惑。最后,自觉抵制社会不良风气,不取不义之财、非法之利,以廉洁从教的实际行动来实现大义。人民教师要在教书育人中践行清正廉洁的道德规范,廉洁正直、一身正气、两袖清风,不利用任何职务之便谋取私利,不取不义之财、非法之利。

二要廉洁自律,洁身自好。践行清正廉洁的师德规范,主要是靠广大教师用廉洁的标准来进行自我约束,自觉保持清廉纯洁的作风,这是清正廉洁最深厚的思想基础。只有这样,才能始终保持行廉品洁的风范,洁身自好,不断自我评价、自我约束、自我调控,而不会陷入秽污俗沼之中。首先,要努力培养自律的自觉性。清正廉洁的根本是教师的自觉自律。一旦廉洁的自觉性养成了,就能抗腐蚀、拒贿赂、远利诱,不为非利所动,不取不义之财。其次,要不舍细小,持之以恒。教师要做到廉洁自律,必须从最细小的事做起,靠平时细小廉洁行为长年累月的积累,从而养成清廉纯洁的崇高品质。如此才能持之以恒,在诱惑面前毫不动心。最后,要明辨美丑,洁身自好。中国古训说:"近朱者赤,近墨者黑。"教师在树立了正确的义利观,知道了何为廉、何为贪,何为洁、何为污后,就能明是非、辨美丑,知道哪些是污秽丑劣的,是教师不应取的;哪些是清廉纯洁的,是教师应取的。教师生活在社会中,如果能时刻保持清醒的头脑、明确的是非观念,就能做到远离秽污俗沼,洁身自好。

三要清正廉明,公正从教。所谓公正从教,是指教师在教育教学活动过程中要公平、公正地对待每一个学生,要一视同仁地对待每一个学生,不能因学生性别、民族、智力、家庭状况差异,学生家长对自己的感情差别而采取不同的态度和情感模式。首先,要始终保持清廉品格。只有做到清廉,才能真正为人民服务,成为人民信赖和尊重的好教师。只有做到了清廉,才能公正地对待每一个学生,面向全体学生,全面关怀学生的成长和进步,成为学生们崇敬的好园丁。其次,要具有正确的教育心理。必须加强教育心理学的学习和修养,做到在任何心理压力和挫折面前,在教育教学过程中都能保持平静心态、冷静作风、从容姿态。最后,要具有正确的教育情感。教师的情感模式直接影响着教师的言行,影响着公正从教的实现。情感模式不正确,就会使教师的情感发生扭曲,其结果必然是不能公正地对待每一个学生。为此,教师应加强心理学和职业道德理论的学习和修养,不断端正和提高自身的教育情感,达到清正、廉洁、公正从教的要求。

学习与思考

1.教师的爱岗敬业与其他职业有什么不同?

2.教师关爱学生有哪些具体要求?

3.如何理解教师的清正廉洁?

第四章　教师道德范畴

教师道德范畴主要包括教师义务、教师良心、教师公正和教师幸福。这四个范畴是教师在教育活动中道德行为动机的内在根据,体现了教师对社会关于教师道德要求上的自觉认识和精神态度,以及社会对教师道德的根本要求。了解和掌握教师道德的主要范畴,有助于更好地指导教师的教育教学行为。

第一节　教师义务

一、教师义务的含义

义务,在道德上就是个人对社会、对他人做与自己职责、使命、任务相宜的事情,即个人对社会、对他人应该尽的责任。

所谓教师义务,是指教师对学生、对其他教师、对教师集体、对社会所承担的使命和应尽的责任。它具有两方面的含义:一方面是指对教师在履行职业义务时提出的道德总要求;另一方面是指教师自己意识到社会对教师提出的各种道德要求的合理性,因而自觉地遵循教师职业道德原则、规范及要求,并把它看作自己对社会、对教育劳动应尽的责任。教师处于一定的社会物质生活条件中,社会必然要求教师担负起教书育人的职责和使命,对这些职责、使命的理解和体验,就是教师义务或责任。

我们在理解教师义务的时候要注意以下三个方面。第一,教师义务作为一个道德范畴,往往同教师使命、职责具有同等的意义。它是社会对教师职业要求和道德要求内在的统一,是教师对社会的一种使命、职责。第二,教师义务是一种自觉履行的义务。义务是一种职责,是"应该做的",这是教师主观上理解和认识社会对教师的客观要求。只有把"应该做的"转化为教师的内在要求时,教师才可能去做。正因为教师履行教师义务的行为,是教师对客观现实社会要求的理解、认识后才可能作出的行为,因此教师义务的行为具有自由性。愈是对社会要求理解得深刻,教师履行义务的行为就会愈自由,并且感受愈愉快。第三,教师道德义务范畴同法律中的义务概念是有区别的。法律中的义务是同权利相联系或相对应的,公民要享受权利,就应当履行义务;同样,公民尽到了自己的义务,就可以享受一定的权利。但是,道德上的义务则具有无偿性或非权利动机性的特点,不是以获得某种相应的权利为前提,而是以或多或少地牺牲个人利益为前提的。因为在道德上尽义务,就是要作出有利于他人、社会的行为。这种行为不是为了追求某种个人的权利或报偿,有时要牺牲个人利益,甚至要奉献个人的生命。为追求某种权利、贪图某种报偿而履行义务,这不仅不是履行道德义务,而且也是不道德的。

二、教师义务确立的社会基础

教育教学活动过程中,教师为什么要履行教育义务,以及为什么是这样的义务而不是那样的义务? 这不是一些人随心所欲的规定,也不是源于教师个人内心的"善良愿望"或"绝对命令",它根源于社会主义教育劳动中特定的利益和道德关系,具有客观的基础和特定的内容。

第一,教师义务根源于现实社会教育劳动的内在关系的客观要求。教师在社会劳动中担负有教育和培养下一代的任务,同样也对他人、集体和社会负有特定的使命、责任、义务。在长期的社会教育劳动实践中,社会用特定的概念形式把教师对社会应负有的使命、责任、义务确定下来,而教师个人在教育劳动实践中理解、认同了这些概念,把握了这种使命、责任,这样就形成了教师义务范畴。教师义务根源于现实的教育劳动的人际关系之中,根源于社会教育事业的利益和社会分工的要求。教师在教育劳动过程中怎样教,怎样处理各种关系,怎样对待学生并把他们培养成为什么样的人,并不是可以完全受个人的意志和心理特征支配的,而是有着社会需要的客观规定性。教师的劳动,直接涉及和影响社会利益、教师集体利益、学生利益和教师个人利益。社会主义事业的根本利益,要求教师在教育劳动中采取正确的劳动态度,正确处理各方面的利益关系,从而决定着教师的道德职责。教师履行义务,为学生、集体和社会尽自己的职责,完成自己应当完成的使命和任务。教师义务这一范畴,又是社会教育劳动中内在利益、道德关系及个人道德活动方式的"有意识的表达"。

第二,教师义务的内容是由教师职业道德的原则和社会规范决定的。义务所包含的社会内容,随着历史、时代的发展而变化。各个社会或阶级总是把实现其利益和要求的道德原则和规范确定为当时人们应尽的义务。在社会主义社会中,教师职业道德原则和规范,是社会主义教育事业根本利益和教育规律对教师职业活动特殊要求的科学概括和反映。教师义务范畴所包含的社会内容,是由社会主义社会教师职业道德的原则、规范的要求所规定的,是与整个社会主义事业的发展要求相一致的。不过,教师义务的内容与教师职业道德原则和规范的内容又有所不同。教师义务的内容是教师职业道德原则、规范及社会主义教育利益以使命、职责、义务等形式表达的客观要求,但它已不仅仅是一种对教师行为的外在社会要求,而是教师理解和认识这些客观道德要求后,在自觉承担自己的使命、任务的基础上,形成一种内在信念和道德责任感,把"外在要求"深刻地转化为"内在需求",从而更深刻、更准确、更自觉地把握社会对教师的道德要求,更好地指导教师的教育教学活动。

第三,教师义务的意义体现在教育劳动及其社会价值中。马克思主义认为,在人对社会、他人的义务与对自己的义务中,应当从个人和社会的关系中来了解自身的义务。义务本身是否有价值及价值的大小,最终也完全是由它所具有的社会意义来确定的。教师正是由于对教育劳动所具有的崇高社会意义、对教师的义务有了更深刻的认识,因而能够培养自身高度自觉的道德责任感和情感意识。同样,教师对学生、对祖国和人民的教育事业的赤诚之心,来自教育工作过程中教师对自己教育行为所产生的成就的体验和认识。当然,这与教师在自己教育劳动实践及接受道德教育过程中自我道德觉悟的提高也是分不开的。教师为了履行自己的义务和实现个人的社会价值,就要投身于人民的教育事业,完成"教书育人"的光荣使命。教师自觉履行义务,实现教育目标,教师的劳动就具有重大的社会意义,他会从中更深刻地认识、理解教师的义务。

三、教师义务的作用

教师认真履行教师义务,有利于减少和协调教师工作中的矛盾和冲突,使各项教育教学工作顺利推进。教师在教育劳动中的行为,是遵循教师义务的要求,还是顺从个人的意愿,其结果是不同的。认真履行教师义务,能指导教师正确处理各种利益关系,保证和促进教育教学工作顺利开展。根据个人意愿和好恶办事,必然造成教育教学工作中的人际矛盾,影响工作的顺利进行。例如,教师在对待学生的态度上,根据个人的意愿和好恶,只喜欢那些聪明、漂亮、听话的学生,这样就会违背教育的公平公正和爱每一个学生的原则,造成一部分学生与教师的冲突情绪,最终阻碍教育工作的顺利开展。

教师认真履行教育义务,有利于在教育工作中自觉遵循教师道德要求,选择最佳教育行为。教师的最高职责是教书育人,在实际工作中,教师面对发生的问题,选择合适的教育行为,而教育行为的价值取向依据的是教师义务。例如,教师在与学生的交往中,负有保护学生个人秘密的责任。假如一个教师为了了解情况,答应不把学生所反映的情况告诉任何人,但当他听完学生的诉说后,发现学生反映的情况十分严重,如不协同其他教师、学校有关方面或家长共同做好工作的话,有可能危及学生本人和他人的利益,这时,教师是继续"保守学生个人秘密",还是分析利害轻重,选择更符合学生利益和社会利益的行为呢?这就需要教师从教育职责的高度,执行教师使命,进行道德上的"综合判断",分析这些道德准则和要求的不同等级、层次,自觉选择有利于学生和社会利益的教育行为。因此,教师义务在指导教师遵守各种师德要求,进行各类教育行为的选择中,起着重要作用。

教师积极履行教师义务,有利于教师在教育教学工作中培养高尚的道德品质。教师义务是与教育教学工作密切联系在一起的。一方面,社会对教师提出的职责,是任何一个教师都必须完成的,每个教师都应该使自己的行为符合教育劳动的要求。另一方面,教师在教育劳动中不断地体验和认识这些使命、责任,并经过反复实践、反复认识,转化为教师本身的"内在需求",当他具有"当一个教师就应该这么做"的自觉认识后,教师的道德觉悟就会逐步得到升华,形成高尚的职业品格。

四、教师义务感的培养

德国哲学家石里克认为:"比起一个人怎样才被认为是该负责任的这个问题来,还有一个重要得多的问题,那就是他自己怎样才会感到自己是该负责任的。"①因此,讨论教师义务问题的重点应当是义务感的培养。

教师既应该在教育中履行义务,还应当努力采取适宜的方式。因此,教师义务的履行不仅与师德建设本身有关,也与教师的教育艺术密切相连。教师要培养良好的义务感需要做以下几方面主观上的努力:

第一,努力培养义务认知水平。大凡对教育义务践行得彻底的教育者,对义务都会有较高的认知水平。中国历史上一直流传着孟母三迁和曾参杀彘教育子女的故事。实际上,孟母仉氏和曾参在教育上严格履行义务的一个重要原因是他们有较高的义务认知水平。虽然拥有关于义务的知识并不一定会直接导致及时或合适的道德行动,但是对义务的认知,尤其是结合了情感体验的真正的认知,会对教师义务感的增强和教师义务的践行是有十分积极的意义。

第二,努力提升教育事业意识水平。要对教师义务有较高的认知水平,一个重要的条件就是要有较高的教育事业意识水平。教育义务感不可能孤立地存在于主体的价值结构中。当教师有较强的教育事业意识时,就会很自然地将教育义务视为理所当然的事情,并严格执行。而当教师对教育事业本身毫无热情时,任何义务的认知和教育都不可能达到增强教育义务感的预期目标。

---

① [德]石里克.伦理学问题[M].张国珍,赵又春,译.北京:商务印书馆,1997:138.

第三,实现教育义务意识向教育良心的转化。教育义务意识还只是一种以道德认知为主的道德意识,仅仅有道德认知,义务感还处于较低的水平。要有真正的义务感,道德义务主体还必须实现教育义务意识向教育良心的转化。因此,"更高一级的教育道德意识乃是教师本人的遵循教师道德要求的愿望,是形成他的意志、成为他个人兴趣的内容的需要。当教育道德的规范成为个人的要求和分内事,成为他的愿望和兴趣时,那么他们就会调动起他的思想、情感和意志,按这些规范去做。教育道德的要求将成为他本人的稳定的品质。"①实现教育道德义务意识向教育良心的转化的实质,就是要达成真正的教师道德义务践行上的主体自由。

第二节　教师良心

一、教师良心的含义及特点

良心是与义务密切联系的教师职业道德范畴。良心是人们对他人和社会履行义务的道德责任感和自我评价能力,是个人意识中各种道德因素的有机结合。良心是道德理论中的一个重要范畴,因其自身的重要性长期以来一直受到思想家们的关注。对于什么是良心,西塞尔认为,良心是伦理的特质,是指责或捍卫我们行动的内在之音。斯多葛学派认为,良心是一种保护自我的防卫机构。卢梭指出,在我们灵魂深处生来就有一种正义和道德的原则,尽管我们有自己的准则,但我们判断我们和他人的行动是好或坏的时候,都要以这个原则为依据,所以他把这个原则称为"良心"。对良心的作用和本质,尽管思想家们的认识不同,但总的认为"良心是人的灵魂,是人格的守护神"。黑格尔认为良心是"创造道德的天才"。马克思主义伦理学也十分关注良心问题,认为良心是由人的知识和全部生活方式来决定的,良心是客观道德义务经过主体内化积淀而成的人的道德自制能力,良心引导、保证、促使

---

① [苏]B.H.契尔那葛卓娃,等.教师道德[M].严缘华,盛宗范,译.上海:华东师范大学出版社,1982:192.

人"弃恶向善"。以上思想家们的论述足以说明良心在个人道德中的重要作用。

教师良心，即教师的教育良心，是指教师在自己的教育和教学工作实践中，对社会向教师提出的一系列道德要求的自觉意识，是教师以高度负责的态度，对自己教育和教学行为进行道德控制和自我道德判断与评价的能力。教师良心同教师义务密切联系又有区别，教师良心是教师自觉意识到并隐藏在内心深处的教师使命和职责——教师义务。两者不同的是，教师义务是教师自觉意识到的道德责任，而教师良心是对道德责任的自觉意识。

教师良心在本质上是教师在履行对学生、社会等的义务的过程中形成的一种道德意识，因此教师良心应包括以下几个要点。第一，它体现为教师意识中的强烈的道德责任感。作为一种教师道德情感，它是教师对他人和社会的义务感的强烈表现。第二，体现为教师在意识中依据教师道德准则进行自我评价的能力，这种自我评价的能力，是一定社会和阶级的道德原则、规范在教师意识中形成的稳定的信念和意志体现。

教师良心的产生具有主观性和社会性。教师良心是教师在教育教学活动中形成的一种道德意识，就意识而言，它具有主观性的因素。不承认教师良心产生的主观性，我们就不能解释同样条件下的教育教学活动，为什么有的教师能意识到自己的责任而勤勤恳恳地耕耘在教育园地里，有的教师不能意识到自己的责任而对教育教学工作马马虎虎，甚至于违背教育教学原则，伤害学生，误人子弟。教师良心是一定的社会关系和道德关系的反映。它产生于教师与学生、学生家长、同行或学校交往时所应处理的相互的义利关系以及对此的认同，从而形成教师的自我意识。因此，教师良心的产生具有社会性。在现代，教师良心就是对教育观、人才观以及实现现代化对教师教育教学要求的自觉的意识，通过内心信念，对自己的教育教学活动进行评价，使自己切实担负起教书育人的责任。

教师良心的内容具有客观性。教师良心作为一种意识形式是主观的，表现为教师内心的情感和理智，但是，它的内容则是客观的，是一定的社会关系和生活实践在人们意识中的反映。首先,没有客观存在的教师与学生、教师与社会的义务关系,就不可能产生和形成教师道德责任感。其次,教师良心评价所依据的道德原则和规范,也是客观存在的。一定社会或一定阶级的道德要求,是教师在受自己的教育教学实践和受教师道德教育的影响,并自觉接受这种客观的道德要求之后,才能使它们成为内心的准则,形成稳定的信念和意志。

二、教师良心形成的条件

教师良心与教师义务密不可分,可以说是教师对义务的深刻认识和理解而形成的内心信念。如前所述,教师义务范畴有其社会基础,而教师良心也有其社会根源和形成的条件。

第一,教师良心是教师对一定社会道德关系,特别是对教师职业劳动中的道德关系的自觉反映。教师良心在表现形式上是主观的,表现为教师"内在自我"的呼声,在教师的道德实践中,似乎是以"内心命令"指导自己的行为。但我们必须看到,教师良心的内容却是客观的,是对社会道德要求及教师职业道德要求这一客观存在的主观的、自觉的反映和认识,是受一定社会经济、政治和道德等关系制约的。因为,作为教师良心的重要方面的道德责任感,只有当教师在教育劳动中深切体验和认识到这种道德关系的合理性,并自觉产生遵循特定的准则和要求,以维护这种客观存在的、合理的道德关系时才产生的。另外,教师良心据以进行自我控制和评价的道德原则、规范,也是客观存在的,是一定社会的道德要求。而教师正是在产生道德责任感后,才自觉进行道德上的自我控制,进行自我道德评价和调节,自觉地遵循教师职业道德的要求,形成自己的"职业良心"。如果没有一定社会对教师职业道德的要求这一客观存在,那就不可能形成符合社会利益的教师良心。因此,对于一个人民教师来说,只有以社会主义道德为指导,自觉认识社会主义教育活动中的客观道德关系,在教育实践中认识遵守人民教师一系列道德准则的必要性,才能产生履行道德义务的强烈责任感,确立自我道德信念,形成自己的教育良心。

第二,对教师进行一定的社会道德和教师职业道德教育是教师良心形成的必要条件。教师良心是教师在教育教学劳动中各种道德心理因素相互作用的结果。要具有真正的教师良心,教师在教育实践中,就必须遵循一定社会对教师道德的总体要求,即遵循教师职业道德原则、规范,符合社会道德要求。社会对教师多层面的、错综复杂的道德要求,教师往往很难一下子正确认识、全面把握,更难在教育实践中很好地贯彻。因而,对教师进行社会道德和职业道德的教育和培训,对于教师正确认识教育工作中道德关系的总要求和教师道德原则、规范的合理性、必要性,对于培养教师的道德责任感和义务感,将客观的教师职业道德要求转化为个人的职业道德信念,进而形成教师良心,具有十分重要的作用。可见,在社会主义教育事业中,加强对教师进行社会道德和教师职业道德的教育,对于教师良心的形成是非常必要的条件。

第三,教师进行道德上的自我体验、自我教育是教师良心形成的主观条件。教师良心不同于教师义务或其他教师道德规范要求,它是存在于教师内心的自我道德信念和要求。马克思说过:"良心是由人的知识和全部生活方式来决定的。"①可见,教师良心的形成带有个体性的特点,与教师自身的素质、修养有很大关系,在一定程度上,取决于教师在教育工作中的自我体验、自我教育、自我修养。教师在自我教育、自我修养过程中,只有把社会对教师的职业道德要求内化为自我意识,把客观的道德要求转化为自觉的道德信念,才能形成教师良心。可见,真正的教师良心的形成,必须经过教师个人的自觉道德选择、内心体验,必须经过教师主体的吸收和内化,形成自己的道德信念。否则,外在的道德理论再科学、再正确,没有经过教师的自我教育、自我体验,没有真正变成教师自己的道德信念,那也谈不上达到良心的境界。因此,可以说,教师良心是教师自觉进行道德上的自我体验、自我教育的产物。

三、教师良心在教育活动中的作用

选择作用。即在实施教育行为之前,教师良心对教师选择教育行为的动机起着能动作用。在实施教育行为之前,教师良心的作用主要体现在督促、鼓励教师去选择符合教育活动规律和教育法律法规,符合

---

① 马克思恩格斯全集:第6卷[M].北京:人民出版社,1961:152.

先进教育道德观念和教师道德的教育行为,阻止、抑制教师对落后、腐朽的思想行为的认同和接受,从而保证教育活动运行目标始终指向有利于贯彻党的教育方针,有利于学生发展,以及有利于教师自身道德完善的方向。

监督作用。即在教师教育行为过程中,教师良心起着监督、调控作用。教师的教育活动是一个复杂的动态发展过程,尽管这一过程在开始之前就已确定了教育活动方向、目标,但在具体运行过程中还将遇到许多不确定因素的干扰,以致影响教育活动偏离确定的方向。这时教师良心的警觉可以"挺身而出",以其信念和意志督促教师消除杂念,调整行为,坚持道义。当教师认为自己的行为符合教师道德要求时,教师良心便给予支持、激励和强化。教师对自认为是善的行为,即使困难重重,只要有良心的驱使,他就会想方设法地努力完成。

评价作用。即在教师的教育行为结束后,教师良心对教师行为起着评价和激励作用。当教师看到自己的行为符合教师职业道德要求,产生了良好的教育效果后,教师良心就会给予肯定的评价;反之,就会给予否定的评价。

第三节　教师公正

一、教师公正的含义

公正,即正义、公道,它表示人的品德,指为人处世没有私心,不违反公认的道德准则和公平合理的原则。教师公正即教师的教育公正,是指教师在教育和教学过程中,公平合理地对待每一个学生。具体包括三个主要方面。其一,公正就是要求教师在教育和评价学生的态度和行为上,应公正平等,对不同性别、出身、民族、个性、亲疏关系的学生,都应一视同仁,热情相待。其二,对前述不同的学生,教师都应平等地给予关心爱护,给予同样的重视、同样的要求,努力做到因材施教。其三,对前述不同的学生所出现的错误,都要公平合理地对待,一视同仁地处理学生犯的错误,使每一个学生都得到最佳发展。

　　教师要做到教育公正并不容易。在我国社会主义现代化建设过程中,社会主义核心价值观逐步深入人心,社会各行各业都要求做到公正。换句话说,在职业活动中做到公正,是社会主义核心价值观的客观要求。但是,由于教育工作的特殊性,教师的教育公正又与其他行业的公正有着明显的不同。

　　第一,教师公正内容受社会发展的制约。在奴隶社会和封建社会,由于生产力不发达,等级制度森严,教育的目的是为少数统治者服务。受教育是少数富贵子弟的特权,即使少数百姓子弟能够上学,由于社会的制约,教师公正是不可能实现的。在社会主义社会,教育是为全体劳动人民服务,为社会发展服务,这一目的规定了每一个人都有平等地接受教育的权利和义务,它要求教师必须平等公正地对待每一个学生,为社会发展培养高素质人才。因此,在社会主义社会,教育公正才可能真正实现。

　　第二,教师公正受教师主观认识的制约。公正既是一种信念,存在于教师的内心;也是一种方法,需要教师正确使用。作为信念,教师公正信念的确立取决于个人觉悟,取决于个人的主观努力。作为方法,它受教师主观上对教育规律和学生情况的了解程度的制约。在教育教学实践中,教师对每一个学生的能力、品质、特长等的评价是一个相当复杂的问题,教师只有在深入了解学生各方面情况的基础上,才能真正做到公平地对待每一个学生。

二、教师公正的作用

　　首先,教师做到教育公正,有利于创造健康良好的学习氛围,调动每个学生的学习积极性。在学生的心目中,教师是社会上公正、无私、善良、正直等一切美好品行的生动体现。学生在与教师交往中体验到公正,会成为学生成长的健康心理基础,激励学生学习。反之,如果学生体会到教师对自己不公正、偏私,就会产生与教师的对立情绪,降低学生学习和接受教师教育的积极性。

　　其次,教师做到教育公正,有利于确立自己的道德威信,赢得学生的尊敬和信赖。教师能否遵守教育公正的要求,会影响教师个人在学生中的声誉。公正的教师,在每一个学生的眼中是崇高的。偏私的教师,会降低教师威信,不利于教师教育教学活动的顺利进行。

最后,教师做到教育公正,有利于给学生的道德、心灵以良好的影响。教师对学生公正、平等、正直、无私,才能激励学生追求真善美,培养学生优秀的品质和美好的心灵。反之,教师对学生抱有偏见,失去公允,就会使学生感到压抑,心理不平衡,甚至强化学生的挫折心理,不利于培养学生追求真善美,不利于学生心灵的净化。

三、教师公正的实现

教师公正或教育的公正,在一定意义上只是一个十分抽象的道德原则。怎样才能做到教师公正或教育的公正呢? 这是一个既关系到教师,也关系到教育体制的课题;一个既关系到教师的道德修养,也关系到教师教育素养和教育技能等方面的课题。从教师的修养角度看,要真正践行教师公正或教育公正是很不容易的,应努力做到以下几点:

(一)自觉进行人生修养

自觉进行人生修养首先是由公正的价值依赖性决定的。就是说,如果没有价值观上的必要修养,理解和实践公正一开始就是不可能的。没有价值自觉,就没有教育公正。

教育公正对于教师而言,就是一个如何适当地对人对己的问题。对人对己的公正,首先要求教师有宽阔的胸怀和高度的使命感,同时还必须有一定的自制力和抵制压力、坚持公正的勇气。"公正"看起来是一个很容易实现的道德原则,但实际上如果没有对教育意义的深刻领悟或使命感,没有无私奉献的情怀,不具有较高的人生境界,是很难完全实现公正原则的。公正的含义之中,"公平"与"正直"是有一些细微的差别的。前者指对人对己都应当一碗水端平,而后者则是指一个人疾恶如仇、刚正不阿的品质。一个自私或有偏见的教师很难做到教育公正。一个明哲保身、不能坚持真理的教师也很难做到真正的教育公正。要实现教育公正,首先要求教师成为一个公正的人,所以教师的道德修养十分重要。

(二)努力提高教育素养

教育公正的实现不能仅仅是心理的层面,而是要在教育活动中落实实践的原则。教师公正的实现,需要教师有较高的教育技巧。有一个处理作弊的例子,说明了公正对于教育技巧的需要。一位教师在监考时发现一个学生抄袭了一道1分的题目。事后,老师在这个学生的试卷上打分为"100-1"。这位学生接到试卷后非常惭愧,立即找到老师,承认错误,要求老师将100分改回99分。老师听后,在他的试卷上批了一个"99+1",并对他说:"知错就改就好,以后要特别注意,这1分是对你能认识和改正错误的奖励。"在这一例子中,教师的公正得以真正的落实是与他有高超的教育技能、教育素养分不开的。所以,教育公正从某种意义上说,就是对一般教育原则的另外一种论证与说明。

此外,教师公正的落实在许多方面都与教育管理联系在一起。我们说过,教师公正具有制度化的性质,所以教师还应努力在教育、教学管理上加强修养,努力在自己的周围营造良好公正的气氛。

(三)正确对待惩罚的公正

如前所述,正确对待惩罚的公正十分重要,这是因为惩罚在一定条件下是有教育意义的。现代社会由于人道主义倾向的不断强化,也由于青少年权利的立法保护,行使惩戒权已经越来越困难。教师应当抵制否定惩戒的教育意义的倾向。当然,惩罚作为一种教育措施,有其消极的一面,如何控制惩罚的量本身也涉及教育公正原则,所以,惩罚的度如何把握、惩罚的公正怎样落实都是教师要努力探索的课题。

惩罚的公正还意味着教师应当具有疾恶如仇的品质。社会公正需要每一个人的努力才能真正实现。刚正不阿是教师应有的品质。教师不仅要敢于同职业范围内的道德弊病进行斗争,而且应当具有对社会丑恶现象进行批评、斗争的勇气和策略。"好人主义"是不公正的温床,教师应当与之划清界限,成为社会的良心、社会的"清流"。

(四)做到公正与仁慈的结合

公正本身是一个社会性和历史性的范畴。公正并不能解决教育中的全部问题。比如,再公正的惩罚仍然可能对学生会造成身心上的伤害,所以就必须有相应的补救措施。又比如,学习生活中始终存在竞争,教师的任务是创造公平竞争的机会,但是我们知道,只要是真正意义上的竞争,优胜者就只能是少数。那么,那些在竞争中落败的学生怎么办?所以教师的公正必须与教师的仁慈相结合,这样既可以增强教育公正的教育效能,也可同时教会学生做一个既公正又仁慈的人。

教育公正是一个历史的范畴。在带有较浓厚等级制的古代社会,人格上的不平等往往使"有教无类"的教育公正成为一句空话。现代社会是一个以民主、平等为特征的社会。在今天,教育公正是社会公正的一部分,同时社会公正也为实现教育公正创造了良好的社会条件。教育工作者应当通过自己的努力促进教育公正的实现。

第四节　教师幸福

一、幸福的含义

幸福,是一个美好的字眼,谁都希望自己的生活是幸福的,这是人之常情。幸福是一种内在精神需求得到满足的情绪体验。作为道德和人生价值范畴,幸福是指人们在物质生活和精神生活中,由于实现了自己的理想和目标而引起的精神满足。

幸福观根源于社会生活,并随着社会历史条件的发展变化而不断变化。在现实生活中,存在着两种根本对立的幸福观。一种是落后消极的幸福观,其特点是把自己的幸福建立在大多数人痛苦的基础上,例如,资产阶级的幸福观是享乐、利己和金钱。这种幸福观的思想理论基础是抽象的人性论,认为人的本性都是自私的,都是趋乐避苦的,追求幸福是人的不变的本性,满足人的生理本能的需要就是幸福。他们把感官享乐看成一切幸福的源泉,认为人生的目的就是追求享乐,没有享乐,人生就失去了意义。另一种是无产阶级和广大劳动人民的幸福观,把争取人类的彻底解放和不断走向文明进步,看作最大的幸福。这种幸福观既包含着实现个人的幸福,也包含着实现社会整体的幸福,是个人幸福和社会整体幸福的统一,并强调在实现社会整体幸福中实现个人幸福。无产阶级幸福观不仅包含着物质生活的幸福,也包含精神生活的幸福,是物质幸福与精神幸福的统一,并主张精神生活的幸福高于物质生活的幸福。幸福是创造的结果,只有首先创造,然后才会有幸福。

二、教师的幸福及幸福感

教师的幸福,总的来说来自于自己教育和培养的学生"争气"、成才。这既是一种荣誉,也是一种幸福,而且是最大的幸福。

具体来看,教师的幸福与幸福感主要来自于自己的人生价值得到充分实现。这一方面体现在自己教育和培养的学生是"青出于蓝而胜于蓝"的人才。从自然规律来说,学生总是优于教师,新的一代总要胜过老的一代,教师的真正幸福就在于培养出值得自己骄傲的学生。使学生超过教师,既是教师的责任,也是教师的幸福。另一方面,教师的幸福体现在对教育规律和学科领域的研究和新的发现。教师,尤其是以青年学生为教育对象的教师,不仅是教育教学工作者,而且也应当是教育和教学学科的研究者。当他们在教育、科研方面有所发现、有所创造时,一般都会感到幸福。

教师的幸福及幸福感,离不开自己的创造性劳动能够得到社会的理解、支持和尊重。教师的创造性劳动是艰苦的,全社会应当予以真诚的理解、尊重和积极的支持。十一届三中全会以来,党和政府努力改善教师的工资福利待遇,全社会逐步形成了尊师重教的风尚,也为教师幸福感的产生提供了较好的外部环境。

教师的幸福和幸福感的产生,还与教师个人及其家庭生活的美满有关。教师作为"人类灵魂的工程师",在道德要求方面比社会其他行业的从业人员要高得多,但教师也是人,他们有个人的生活与发展的需要,他们有家庭,也要过正常人的生活。这方面的正当需要如果得到有效满足,他们才会感到幸福。

三、教师职业幸福的实现

(一)教师职业幸福来自于学生

关爱学生是教师实现职业幸福的前提和源泉。教师服务的对象是学生。学生的点滴进步都离不开教师的谆谆教诲、循循善诱,反过来,学生的成长也成就了教师。教师的幸福感就在学生的成长中点滴凝聚,学生带给教师的满足感、成功感、成就感最终汇成一点——做个幸福的教师。因此,从这一点来说,关爱学生的职业心态是教师职业幸福的源泉。

首先,帮助学生成功能让教师获得满足感。学生的成功伴随着教师一路的汗水与辛苦,教师的满足得益于长期辛苦的付出终于有了回报。作为特殊的产品——学生,是教师幸福的源泉。师生情感是在平凡的教育实践中孕育产生的。美国心理学家马斯洛提出的需要层次论中指出,人的最高层次需要就是自我实现的需要。人,只要激发了他的内在需求,有机会展示他的能力并得到他人的认可,他的满足感就能转化为无穷的力量,并使他获得愉悦与幸福的感觉。教师也一样,教师的最高层次的心理需要就是被自己的服务对象认同,从而实现自我价值。

其次,纠正学生的过失能让教师获得成功感。学生的成功能使教师有满足感,但不是所有的学生都能让教师感到满足。很多时候,学生是在犯错中长大的,而教师的幸福感往往也就在帮助学生纠正一个又一个错误后伴随而来。有人曾经这样说:"学生犯错,上帝都会原谅。"真正爱学生的教师就是在帮助他们成长中渐渐获得成就感的。因为,教师是人类灵魂的工程师,他们用真爱真情塑造一个个高尚纯洁的灵魂。有人说,教"好"学生,不是本事,真有本事就是把一个个"坏"学生教好。教好一个学生,拯救一个家庭,这样伟大的"灵魂工程"怎能不激发起教师职业内在的成就感呢?

最后,学生懂得感恩让教师获得成就感。一些人说现在的学生不懂得珍惜,不知道感恩,常对教师的付出无动于衷;也有一些教师时常会抱怨,说自己的劳动得不到学生的认同和尊重,甚至是对牛弹琴。这类判断是不正确的。一方面,不懂得感激的学生在学生群体中并不占多数,绝大多数学生有着良好的情商,懂得感恩;另一方面,教师对学生的感恩要求并不高,常常是学生的一个微笑、一句问候,节日时的一张卡片、一束鲜花,就足以让教师感动很久。

(二)教师职业幸福来自于学校

学校是教师们相处的大家庭,也是成长的大环境。教师的幸福除了来源于学生之外,更来源于学校这个文化场所。专业的发展、领导的器重、同事的信任、同伴的互助等,决定了教师对自身职业的正确定位、对个体生命价值的准确判断以及对人生的积极态度。如果教师在人生奋斗的舞台上,有愉悦的心情,有感恩的心态,展示出来的便是充满幸福的微笑。

首先,"专业成长的空间"让教师有奋斗的舞台。教师职业的幸福感固然有外部的给予,但更多是需要自身的"生长"——个体的成长带来的快感无疑是最大的幸福感。学校要尽最大的可能给教师专业成长创造空间,搭建舞台。比如,让每位教师制订个人成长计划,每年度进行考核。这既是一种压力,更是一种动力。当学校了解每位教师主动发展的需求时,便可以为他的成长提供最有益的帮助与支持。有老师想在若干年内专业发展再上台阶,学校就要想方设法给他创造机会:上公开课、撰写论文、外出培训等,不断以高层次的需求来提醒他、帮助他。做这些也许很苦、很累,但因为这是出于个人的内在需要,而学校又提供了适时的帮助,所以,哪怕再苦、再累教师都能克服,以积极的心态挑战自我。因为努力总会有回报。论文的发表或获奖、公开课的成功、自己工作得到学校或他人的认可等,又将成为教师幸福的新的增长点。带着快乐的心境上路,满眼都将是灿烂的阳光。

其次,"领导的人文关怀"让教师有愉悦的心情。人对幸福的要求有时很简单。一次肯定、一声问候、一点关心都会让人感动、开心。生活在一个共同体中,人与人相处可以有许多方式,有一种方式应该是大家都能够接受且受欢迎的,那就是相互尊重、相互关爱,真正的交往是人与人的平等相处。领导者应以"以人为本"为管理理念的核心,出台一些充满人文关怀的现代管理制度,采取"一切为了人的发展"的有力措施,那么,得到尊重的教师也将学会尊重他人。端起架子、以权服人的管理行为可以"压服人",而"润物细无声"的充满人文关怀的柔性管理方式则更能使教师"心服口服"。

最后,"同伴的相互信任"让教师有感恩的心态。学校是人才聚集的地方。教师的成功固然是出于个体的努力,但很多时候是离不开团队的合作与互助的。一个合作良好的团队不但容易使人愉快地工作,而且教师成功的概率也会大大地提高。但每个成功的个体都应非常清楚地知道,这是离不开同伴的帮助与支持的。在某个老师感到压力大、没有自信的时候,同组的老师适时给予他的信心和鼓励无疑是动力。当同伴心存感激地看待自己的成功时,教师便会更加珍惜这个群体的和谐,而教师的一举一动也给其他教师以榜样和示范。一个团结、有战斗力的团队就是这样形成的,一种其乐融融的工作氛围必然促成老师们形成愉快的工作心境。

(三)教师职业幸福来自于自己

如果说教师职业幸福有来自于学生的进步、同事的帮助和工作环境的和谐等外因,那么,其内在因素便是教师自己。教师能够自发地产生幸福感主要有三个途径。

首先,要有一个属于自己的精神家园,就是可以时常进行灵魂与灵魂对话,心灵与心灵沟通的场所。它不一定真实存在,但它给人带来的精神鼓舞却是无穷的。比如,当一名教师有了一个属于自己的精神交流空间时(或者是自己跟自己对话,或者是自己与他人对话),他每天都会有使不完的劲。在网络上建立随笔专题贴,跟大师们对话,跟同行们交流,记录自己的心灵独白,写下一篇篇教育随笔,记下人生轨迹,这是一种多么美好的精神享受。虽然很苦、很累、很难,但因为有精神寄托,因为有榜样激励,所以能做到一天不落地坚持写,坚持学。徜徉于这个美丽的精神家园,有激情燃烧,有理性思考,有同伴鼓励,而更多的是促使老师学会热爱生活,热爱教育。朱永新教授说过:"要想写得精彩,就要活得精彩,做得精彩。"谁不想收获精彩? 谁不想活得有意义? 而这一切都要靠自己创造。当默默的耕耘终于换来累累硕果时,幸福便不言而喻了。原来,幸福掌握在教师自己手中。

其次,常怀一颗感恩之心。生活中,值得我们敬重与感激的人或事很多。之所以有人总觉得生活亏待了自己,是因为他过分强调了自我,弱化了别人的存在。人生的道路并非一帆风顺,顺境很少会一直垂青一个人,俗话说"人生不如意事十之八九",这反映的是一种豁达乐观的人生态度,是知足常乐的心态。在生活实践中,我们带着欣赏的眼光看周围的人或事,常会发现生活是如此美好;反之,总是埋怨、指责、敌视、不满,会让自己的心情变得很糟糕,自然没有幸福感可言。事实上,我们应感激学生,是他们天使般的笑容一扫我们心头的阴霾;我们应感激困难和挫折,是它们让我们变得坚强勇敢;我们应感激自然界一切的生灵,是它们给我们以多姿多彩的生活……所以,教师只有常怀一颗感恩的心,才能够时常面带笑容,挺直腰板,给学生力量与信心。

最后,有人生的目标追求。教师的幸福在于不断的追求。在有的人眼里,教师就是孩子王,有了一桶水,就能应付自如,就能"吃老本"。也有老师觉得只要过得去就行了,不想追求什么高学历、高文凭、荣誉证书,认为那些都是身外之物,于是不知不觉停止了追求的步伐。其实,如果说贪图安逸、不想吃苦叫作人生幸福的话,那么,对于将自我价值实现作为最高层次需要的教师来说,教师真正的职业幸福感一定是在追求中获得的,是在不断实现自身价值的过程中实现的。当教师通过自己的努力克服一个又一个困难、取得一个又一个成功时,当教师的产品——学生及他们的家长给教师以满意的评价时,当教师从内心深处体会到一种被认可的满足感时,幸福必将悄然而至。

学习与思考

1. 教师道德范畴有哪些内容?
2. 如何理解教师良心?
3. 如何培养教师的职业幸福感?

第五章　教师职业道德评价

教师职业道德评价作为一种无形的精神力量,对教师的行为起着调节和推动作用。它是教师职业道德活动的重要组成部分,在教师职业道德体系中占有突出的地位。本章通过对教师职业道德评价原则、依据、标准、形式和方法的学习,使得每一个学生都能明确:教师职业道德规范的遵守、教师职业品德的形成以及教师职业风尚的改善,都需要依靠职业道德评价来实现。因此,规范师德评价能为教师指明改进和努力的方向,是教师加强自身修养的杠杆和风向标。

第一节　教师职业道德评价概述

教师职业道德评价是社会道德评价体系中的重要组成部分,它是社会成员凭借舆论、习俗、信念等方式,采用一定的道德标准,去判断教师行为道德价值的一种实践活动。通过评价,可以了解教师的职业道德水平状况,发现差距,找到前进的方向。

一、教师职业道德评价的含义与内容

道德评价是人类社会活动中一种特有的活动。人们在社会生活中,为了求得自己的生存和发展,就必须与他人、与社会发生各种各样的利益关系,人们不仅本着一定的社会规范去处理这些关系,还会对自己、他人的行为作出价值评价和善恶评价。因此,道德评价活动是随着道德现象的出现而产生的,其形式、内容也随着人类社会的发展而不断丰富和发展。

职业道德评价是人们依据一定的道德标准,对他人或自己的职业

行为进行褒贬扬抑的评议和判断。教师职业道德评价是指人们凭借校内外舆论、教育传统习俗和教师内心信念等形式，根据一定的原则、标准和方法，对教师的职业行为所做的善恶褒贬的道德评判。它是教师道德活动的一种重要形式，是使教师职业道德原则和规范得以贯彻并转化为教师道德行为的保证。

教师职业道德评价的内容主要包括两大方面。其一是教师的职业行为。一般而言，教师的行为必须服从教育活动的规律，遵循教育目的和原则，同时在教育教学过程中，教师应当努力促进学生智力、能力和品德的发展，使自己的职业行为达到"应然"的状态。可以说，对教师职业行为的评价也就是对其行为是否具备"应然"状态的考察。其二是教师的职业道德品质。教师的职业道德品质是由教师在长期职业道德活动中养成的比较稳定的特征和倾向，由道德认知、道德情感、道德信念、道德意志、道德行为五个基本方面组成。

二、教师职业道德评价的主体和客体

教师职业道德评价的主体是多元、开放的。它既可以是教育培养对象、上级主管部门、同行（包括教育同行、学科同行）、用人部门、社会各界等，也可以是评价对象（如自我评价）和评价活动本身（如对评价的评价）。

教师职业道德评价的客体即评价对象，既可以是教师个体的职业行为，也可以是教师群体的职业行为。具体来说，教师个体和群体的道德状况、道德行为和道德品质都可以成为教师职业道德评价的对象。在广义上，可以从教育与其外部世界的联系中把握教师职业行为的伦理意义；从狭义上，主要从教育内部（特别是学校教育内部）认识和评价教师的道德行为和品质的伦理意义。教师在教育活动中的道德品质和行为，则可以反映在学校组织机构、学校制度建设、学校管理过程和质量、学校办学条件和办学效果等方面。在某种意义上说，对教师职业道德的评价实质就是对学校各个方面工作的评价①。

---

① 钱焕琦.教师职业道德[M].上海:华东师范大学出版社,2008:248.

三、教师职业道德评价的作用

教师职业道德评价是一定社会意识形态在学校环境中的具体表现。它作为一种无形的精神力量,包含着一定的社会价值和道德取向,对教师的思想意识、价值观念和行为方式能产生直接的影响,对教师的道德修养起着极为重要的指挥和调节作用。所以,教师职业道德评价对师德建设具有非常重要的意义。

首先,教师职业道德评价是维护教师职业道德规范的保证。在教师职业活动中,教师职业道德规范能否贯彻,很大程度上取决于教师职业道德评价是否能得到有效实施。教师职业道德评价通过社会舆论、教育传统习俗和内心信念等方式对教师在教育活动中的言行、举止、思想观念等实行道德监督,并通过道德评价不断向教师传递教师职业行为的道德价值的信息,使教师及时了解什么样的教育行为是善的,什么样的教育行为是恶的,从而选择正确的教育行为,接受职业道德规范的约束。在这一过程中,教师职业道德规范是教师职业道德评价直接的、具体的标准。通过教师职业道德评价,一方面可以深化和细化教师对职业道德规范的认识,使得职业道德规范对教师的教育行为起到更大的指导和约束作用;另一方面,也有助于良好的、健康的教师职业道德氛围的形成。

其次,教师职业道德评价是教师职业道德认知转化为职业道德行为的中介。教师的职业道德行为不是天生就有的,要在长期的道德教育和道德修养中反复学习和磨练才能逐渐形成。通过教师职业道德评价活动,不仅可以对教师职业行为的善恶、是非、荣辱、好坏进行评判和裁决,使教师提高道德认知,确立职业行为,而且可以深入教师的精神世界,作用于教师的感情和职业良心,激发他们的职业责任感和道德荣誉感。不道德者会在舆论谴责中感到良心不安、羞愧和痛苦;讲道德的人会在褒奖和舆论支持下感到内心安慰、喜悦和鼓舞,从而有效地唤起教师实践道德规范的主动性和积极性,使他们在教育教学过程中不断校正自己的言行,实现知与行的统一。

最后,教师职业道德评价是调解教育人际关系的杠杆。在教育活动中,教师面临着众多的人际关系,如师生关系、同事关系,与学生家长的关系、与领导的关系等。同时,教育本身还是一个开放的系统,在教育活动之外,教师作为一个社会主体,还要处理好家庭关系、亲友关系、与社会其他成员的关系。特别是在社会主义市场经济条件下,随着改革开放的深化和社会竞争的加剧,教育领域的社会关系和利益关系日趋复杂,迫切需要道德来规范和调节。在这种情况下,通过教师职业道德评价可以褒扬善行、斥责恶行,唤醒教师内心良好的职业道德信念,解决琐碎的人际纠纷,处理好教育过程中的各种人际矛盾,实现教师职业道德的升华。同时,教师职业道德评价具有一定的辐射性。广大教师在社会生活中良好的修养和文明的举止,不仅可以优化教育环境,提高人才培养的质量,而且可以影响到社会其他行业的人们,净化社会风气,促进社会道德的全面提高。

第二节　教师职业道德评价原则和功能

一、教师职业道德评价原则

教师职业道德评价的原则就是对教师职业道德进行评价所必须遵从的基本原则。它集中体现了教师职业道德评价的指导思想和基本要求,是教师职业道德评价规律的反映,是人们在教师职业道德评价实践中升华的理性认识,体现了主观与客观的统一。教师职业道德评价原则主要有方向性原则、公开性原则、全面性原则和发展性原则。

（一）方向性原则

方向性原则是指对教师职业道德评价一定要坚持正确的方向。具体说来,要与先进文化的发展方向保持一致,要有利于学校实现教育目标,有明确的办学方向,有利于树立正确的教育质量观和人才观。如果方向不明确,偏离党的教育方针,偏离教育教学改革的客观要求和教育发展规律,背离学生健康成长的需要,教师职业道德评价就会走上歧途,失去存在的价值和意义。因此,在对教师进行职业道德评价时,只有对教师的思想品德、工作态度、业务水平、教书育人、教学能力和工作效绩等作出公正、准确而又全面的价值判断,才能充分发挥评价应有的导向作用。

（二）公开性原则

评价的公开性,首先是指评价结果要告之被评价教师本人,要疏通评价者与被评价者之间的信息沟通渠道,这样才能发挥群体舆论的作用,才能发挥道德舆论支配、调节教师行为的杠杆作用。评价本身不是目的,而是手段,是为提高教师职业道德水平,为树立积极、健康的社会道德服务的手段。如果只把评价结果记录在案、装入档案,教师就无法从他人的评价中体验到自己的职业道德水平状况,无法及时了解自己的差距,这样使用评价手段从根本上违背了道德评价目的,无法发挥教师道德评价在职业道德修养中的作用。

评价的公开性,还指当向被评价教师通报评价结果时,要允许被评价教师说明情况,尊重被评价人的意见,允许保留不同看法。道德是一种非常复杂的社会现象。自我评价与群体评价不尽一致,甚至相互矛盾,这是正常的,也是应当被允许的。不能因教师本人对群体评价结果提出异议,就认为这个教师骄傲、不虚心、拒绝帮助。道德不能靠搞少数服从多数和强制性措施维持。只有当教师对公众舆论心悦诚服时,这种舆论才具有对行为的约束、支配作用。同时,某种行为是道德的还是不道德的,通常不是靠一次评价就能作出最终判断的。道德评价表面看虽已结束了,实际的评价活动却仍在进行。常有这样的情况,原来被认为不道德的行为,或者由于获得了更多的有益于评价的信息,或者是由于情况、环境发生了变化,也可能是人们的观点发生了变化,反而被评价为道德行为了。

坚持评价的公开性,就要避免领导说了算,或由几个领导关起门来评价教师道德优劣。要破除教师道德评价的神秘化、一言堂。要充分发扬民主,尽可能让更多熟悉、了解教师的人参与教师道德评价活动。这样,不仅可以使评价结果更客观、更准确,更能符合被评价教师本人的实际情况,还有助于在学校集体中形成健康、积极的道德舆论环境。

同时,教师在评价他人时,必然会把自己放进去,这也是一种无意识的自我评价过程。这对提高教师道德自我评价能力,促进教师职业道德修养都是大有裨益的。

(三)全面性原则

对教师进行道德评价,必须坚持全面性,避免片面性;坚持发展观,反对绝对化;坚持辩证法,反对形而上学。教师的品德是一个复杂的有机的整体,必须辩证地对教师道德作出评价。教师道德是历史的产物,受教师本人社会生活条件、社会生活环境制约。所以,对教师进行道德评价,要进行纵向的历史考察。教师道德表现在多方面,体现在他所从事的一切活动中,教师道德评价必须照顾到方方面面,做全面的考察。绝不可仅靠一时一事,仅根据偶然观察到的现象,仓促做判断、下结论,更不可以凭借缺乏根据的传闻对教师做道德评价。教师道德总是在发展着的,评价教师道德不能不看历史,又不能囿于成见。不能抱着老观念,把人看死。评价教师要着重看发展,看教师在道德修养上是不是进步了,提高了;看教师道德和发展的趋向,是向好的方面发展了,还是向不好的方面转化了。只有在评价教师道德时坚持发展的观点,才能真正把道德评价活动变成提高教师道德修养的重要手段。

(四)发展性原则

教师职业道德评价的发展性原则是指以评价对象的成长和发展为根本价值导向,在评价过程中兼顾评价对象的现状与将来,并针对评价结果,确定评价对象未来的发展趋势,实现评价与指导、培训、自我教育活动的有机结合。教师职业道德评价既要看到评价对象的道德水平在同类对象中的地位,又要了解其自身发展变化的情况。

发展性评价的核心是强调注重过程性评价,避免"以点概面、以偏概全",用静止的观点看问题的错误倾向。传统的学校管理往往过于强调评价的终结性结论,强调终结性结论评价中"优秀""良好"各等次的比例,并以此作为教师解聘、降级、晋级、加薪和发放奖金的依据,这不仅会让教师对评价产生畏惧和不信任感,而且也容易导致教师职业道德评价流于形式。

二、教师职业道德评价功能

(一)评定功能

在社会主义市场经济体制下,少数教师在思想上滋生了按酬付劳、"钱多多干、钱少少干"的单纯雇佣观点,在工作中斤斤计较个人利益,有了一点本领就摆资格、要高价。通过教师职业道德评价,将教师个体的职业道德行为与教师职业道德规范进行比较,对教师职业道德水平的高低进行评价和判定,对教师的正确行为进行褒奖和鼓励,对那些不良行为加以谴责,帮助教师辨明各种师德现象的善恶是非,判断教师行为的道德价值,促使教师去矫正或强化自己的道德行为,对教师行为发挥监督作用,促进教师在知识、能力和思想品德等方面的发展,这是教师职业道德评价最基本的功能。总之,通过教师职业道德评价,能使教师对职业道德要求有更明确的认识,对自身的职业道德水平有更清晰的了解,从而在教育活动中自觉践行职业道德规范。

(二)导向功能

教师职业道德评价往往通过舆论的力量来规范、约束和指导教师的道德生活。因此,它是教师行为的监督器和方向标,是维护教师职业道德规范的保证。许多教师常常会有"良心发现"的情况,其实正是教师通过道德评价,发现和认识自己的某种错误,从而产生纠正错误、改变行为方向和方式的表现。通过对教师职业道德评价,可以不断传送关于教师道德行为价值的信息,迫使教师接受职业道德规范的约束,从而保证教师的职业行为不偏离正确方向。如著名特级教师于漪在讲《花木兰》这一课时,当有学生提到"木兰是不是裹脚?妇女是从什么时候开始裹脚"时,把于老师给问住了,她抱歉地对学生说:"老师也说不准,等课后查了资料再告诉你吧。"于老师就为了这样一个问题,课后跑遍了图书馆,专门请教了大学教授,终于给了学生一个满意的答复。事后她解释为什么要这样做:"我不能误人子弟!"不能误人子弟是最基本的教学道德标准,于老师以此来约束和要求自己的教育行为。

同时,通过教师职业道德评价,还可以全面了解教师个体和教师整体的职业道德状况,为教育管理部门、学校领导和教师本人提供信息,为教师职业道德教育提供方向和依据,为教师个体提高职业道德修养提出具体的目标。

(三)激励功能

教师职业道德评价对教师符合职业道德的行为具有保护和激励功能,使教师得到精神上的满足和物质上的利益,从而激发教师的创造热情和工作动机。职业道德评价只有在维护教师的正当利益时,才能实现其应有的功能和价值,才能让教师体验到道德的必要性和重要性,从而进一步引发对道德的向往和追求。事实上,"奖励先进,得所当得"正是体现了社会公平、公正和正义的要求。从更广泛的意义上讲,教师职业道德评价功能的发挥,正是在于教师的先进行为得到社会的认可和表彰,教师的正当利益得到维护和保障。我们谴责、惩罚个别教师师德行为"失当"的现象,恰恰是为了倡导广大教师"应当"的行为,保护他们的"正当"行为。教师也只有在自身正当利益得到师德评价的保护中,才能更加体验到自觉遵守师德规范的必要性。

(四)转换功能

教师的职业道德属于意识形态范畴,是用来调节教师心灵、行为及相互关系的价值尺度。教师职业道德评价是实现意识向行为的转化、知行统一的转换器,是关于教师应当如何将价值尺度转化为师德行为、品质和良好师德风尚的纽带。有一位校长曾对他的学生这样说过:"我常这样告诫自己,当你站在讲台上,你的知识和优点被放大了约五十倍,同时,你的缺点和不足也被放大了约五十倍。常常想到这一点就会不断发现自己的不足,从而给自己留作业,用身边的榜样为自己不断地重建一个又一个向前的目标。"的确,正确的师德评价可使教师了解怎么去选择正确的行为,在行动中将善良的动机和有益的效果达到一致。

第三节　教师职业道德评价的标准

道德评价是对人的行为及其品质的衡量或判定,而道德价值又常常借助于善恶范畴来体现,所以善恶就成为道德评价的一般标准。由此可以说,教师职业道德评价就是对教师的行为及其品质的衡量或判定。善恶也是教师道德评价的一般标准。一般来说,人们认为教育的本质是善的,教育是教人从善的活动,教育以培养人为宗旨,发展人的潜能,使其从自然人向社会人转变,从而满足社会和人自身发展的需求,促进整个人类的发展和完善。道德标准具有以下三个层次:

"不准"是道德标准的第一个层次,它以否定式规范告诫人们哪些行为领域不能涉足。比如:不准偷窃、不准说谎、不准虐待老人,等等。其基本目标是防止他人和社会受害。

"应该"是道德标准的第二个层次,它以肯定式规范界定了人们可以行动的活动范围。其基本目标是通过各类社会角色的互利互惠,实现造福于人类的目的,一般将符合这类要求的行为称为"善"。

"提倡"是道德标准的第三个层次,它以赞扬式的规范引导人们树立和实现一定的道德理想。比如:舍己为人、公而忘私等。其基本目标是通过对特殊情况下个人行为的赞誉,实现人类和社会的美好理想。

一、教师职业道德评价标准的制定

制定教师职业道德评价的标准,在内容上必须考虑教师职业的性质和教育发展的需要,要体现教师道德特定内涵的时代要求,这样才能使评价标准成为内容合理、形式完善的可操作性的指标体系,增强可信度和说服力,避免随意性和盲目性。教师职业道德评价标准有两个层面:道德行为标准和道德心理标准。

道德行为标准是衡量教师行为善恶的外在尺度和准绳,在评价时应遵循一定的教师职业道德原则和规范,必须反映出一定社会或阶级的利益。只有符合一定社会或阶级的需要和利益,才是善的或道德的。

道德心理标准是衡量教师行为善恶的内在尺度和准绳,它要求教师的职业行为必须与教育规律相符合,有助于学生的健康成长。只有符合学生个性心理、人才成长规律和教育规律开展的教育活动,才是善的或道德的。

(一)教育发展利益是教师职业道德评价的根本标准

教师职业道德必须反映教育发展的需要,把是否有利于教育发展作为教师职业道德评价的根本性标准。凡是符合教育规律和学生身心发展规律,有利于实现培养目标、促进学生健康成长的教育行为就是道德的行为;反之,就是不道德的行为。

我国正在进行的基础教育课程改革,强调要改变传统课程过于注重知识传授的倾向,使学生形成积极主动的学习态度,在获得基础知识与基础技能的同时,培养学生的社会责任感、创新精神、实践能力以及科学素养、人文素养和环境意识,使学生获得健全的人格。因此,使学生得到全面发展的教育理念,成为新课程教育理念的核心。与此相适应,这一理念也应该成为教师职业道德评价的出发点和归宿。就是说,凡是能促进学生全面发展的教育行为就是善行;反之,不利于学生全面发展的教育行为就是恶行。教师要促进学生的全面发展,就要改变陈旧的教育观念,树立富有时代精神的现代教育观,包括现代教师观、现代教学观、现代学生观、全面发展的质量观、现代教育的价值观、全方位发展的知识观以及为人师表的行为举止观。

(二)学校发展利益是教师职业道德评价的基本标准

教育的发展要通过学校的发展来实现,学生和教师的成长也需要以学校为依托。学校无小事,事事皆育人;教师无小节,处处皆楷模。对于一个学生的成长而言,任何教师的劳动都只是浇了有限的一瓢水,培了有限的一铲土,每个教师的个体活动终归要融汇于教师集体的共同劳动之中。教师职业道德必须反映出学校发展的需要,要把教师的教育行为是否有利于学校发展,能否完成应当承担的教学任务和教育职责,作为教师职业道德评价的具体标准。作为教师,应该在学校中行使职责,发挥作用。凡是完成了应该承担的教育职责,有利于实现学校发展利益和需要的行为,就是道德的教育行为,应予以肯定、鼓励和宣传;反之,则是不道德的教育行为,应予以否定、抵制和反对。当然,这里的学校发展利益是整个社会的教育发展利益,不是指违背教育方针的片面、狭隘的学校小团体利益。

(三)教师职业道德规范是教师职业道德评价的直接标准

教师职业道德规范集中反映了社会和学校对教师的职业要求,具有较强的指导性和操作性。因此,教师职业道德规范作为评价教师职业道德的直接标准,包括了对教师的思想、素质、作风、学识、行为和仪表等多方面的具体要求。凡是符合教师职业道德规范的行为品质就是善的,就应获得肯定性的评价;反之则是恶的,就应给予否定性的评价。从这个意义上说,标准的制定过程就是教师职业道德规范的制定过程。当然,人们制定的教师职业道德规范常常具有一定的局限性,要不断根据社会和教育发展的需要,逐步加以丰富和完善。

二、教师职业道德评价应注意的问题

(一)坚持动机与效果相统一的观点

在实际评价中,对于动机与效果一致的情况,容易作出评价,即动机好、效果好的行为,当然是善行;动机不好、效果也不好的行为,当然是恶行。但是,当动机与效果不一致的情况下,首要看动机,因为动机存在于行为者的内心,反映和体现了行为者的精神境界和行为本质。同时,还要具体问题具体分析,不能片面强调动机或片面强调效果,而应通过实践来评价。对动机好、效果不好的现象,要分析原因,是事先对客观事物认识不全面,考虑不周到,还是因为客观事物在发展过程中发生了始料不及的变化?这样才能进一步修正下一步的意图和方法,使动机与效果统一起来。实践能够不断检验和完善动机,在实践中逐渐使得良好的愿望和良好的效果一致起来。

那么,怎样才能判断动机的好坏呢?这就需要看效果和一贯的行为。即使效果不好,但能从教师一贯的行为中证明动机是好的,也应当判定行为具有善的道德价值,这样体现了动机在行为中的重要意义,也体现了道德行为评价不同于其他评价的特殊性。

在现实的教师职业道德评价过程中,常常有只看后果、不问动机,只看学生考试分数、不看教师教书育人的全过程的现象。教师职业劳动的特殊性使得教师的劳动效果受多种因素的影响,教师的劳动付出与实际成效并非时时成正比。"十年树木,百年树人"就是这个道理。因此,仅以学生的当下表现和考试分数作为判断与评价教师劳动成效的依据,具有较大的片面性,会挫伤一些教师的积极性。因此,在对教师的职业道德进行评价时,应遵循动机与效果相统一的原则,联系动机看效果,透过效果看动机,坚持运用全面的观点对教师职业道德作出恰当的评价。

(二)坚持目的与手段相统一的观点

目的与手段是统一的。一方面,目的决定手段,目的的性质决定手段的性质;另一方面,手段也影响目的,手段的性质也影响目的的性质。因此,在评价行为的道德价值时,应当具体分析目的与手段的联系情况,作出正确的评价。任何行为都不外乎有好的或坏的目的两种可能,而无论什么目的都可能采取正当或不正当的手段。当目的与手段一致时,是容易评价的,即目的是好的、手段正当的行为就是善行;相反,目的是坏的、手段是不正当的行为就是恶行。但是,如果目的是卑劣的,即使采取正当手段的行为也不能说是善行,应给予否定评价。如果目的是好的,采取的手段是不正当的,则必须深入分析行为的背景,才能作出恰当的评价。

师德评价要有利于促进目的和手段的统一。在现实中,对教师行为进行道德评价时,常常会出现目的和手段不一致的矛盾,存在着许多片面的认识和错误舆论。比如,偏离现代化建设对教育事业的需要来评价师德,轻视教育,轻视教师,从内心深处瞧不起教师职业;偏离全面发展的教育方针来评价师德,片面地以学生的考试分数和升学率高低为标准来对教师进行褒贬,只重视教师的智力水平而无视教师的德性修养;偏离教育改革的客观要求和正确方向来评价教师道德,墨守成规,目光短浅,习惯于用保守的观念评价教师行为,对锐意改革的教师加以排斥或打击;偏离教育过程的特有规律来评价教师道德,置教育客观规律于不顾,依靠简单化的行政手段、量化手段来评价教师,单纯以统考成绩、班级获得各类名次的次数、好人好事率、违纪事故率等来衡量师德。在这种评价体制影响下,一些教师在"良好的愿望"下,对学生采取了体罚或变相体罚的手段;一些教师为了提高教学质量,过多地增加学生的课业负担,对没完成作业的学生采取罚抄写、罚站、面壁的手段等。就目的而言,这些行为似乎是为了帮助学生改正缺点和错误,争取好成绩。事实上,这些行为手段是不符合教育规律的,是不道德的,是十分有害的。可见,如果割裂了道德目的和道德手段的有机联系,无论是把目的作用绝对化还是把手段作用绝对化,都无法使我们正确理解目的和手段在道德评价中的地位与联系。要实现这一点,师德评价就必然要以教育活动为参照,以教育的客观规律为准绳。

(三)坚持动态性与发展性相统一的观点

从教师专业发展的角度看,每位教师都有自身不断发展、不断完善的空间,这需要每个人在自己的工作中不断地反思和总结。师德评价就是为了帮助教师找到自己在职业道德修养方面的薄弱之处,发现自己的师德缺陷和人格弱点。因此,进行师德评价时,不能用静止的、一成不变的观点来评价变化和发展着的道德现象。师德评价的结论最终不在于判断教师过去怎么样,而在于指明教师进一步发展的方向。

坚持发展性道德评价的理念有两层含义:一是师德评价过程中教师必须用发展的眼光看待师德行为;二是师德评价必须立足于促进教师道德的发展,以发展为出发点,考察教师的道德行为。要根据社会的发展,用动态的、变化发展的观点进行评价,最主要的是要辩证地、历史地看待教师道德,尤其是要看清整个社会的进步趋势和发展方向,用发展的眼光看问题,不断提出新的师德要求,不断加强自身道德修养,使自己的道德行为与社会和时代的要求相统一。

在现代师德评价中,由于整个过程缺乏有力的反馈和调控,即使是教师自评,往往也只是停留于年终总结上,这实质上是一种总结性评价。其弊端在于：偏重于对教师道德品质的静态评价而忽视品质形式的动态评价；偏重于对教师已有品质的鉴定，而忽视师德评价的教育、激励作用；偏重于为教师评优、晋级"出证明""贴标签"，而忽视师德评价对师德修养的反馈、调控作用。其实，道德评价应该是一个"反馈—矫正"的系统。将教师的道德表现和行为与师德标准作对比，通过分析，作出判断，进行反思，从中找出差距和努力方向，以调节自己的道德行为。所以，师德评价从功能上应更强调过程性评价，应该把教师的道德品质形成看成一个连续的过程，时刻关注评价过程中师德的表现，及时地反馈、矫正教师的道德行为，以确保教师良好师德的形成与发展，帮助教师实现自我道德的不断完善。

第四节　教师职业道德评价的形式和方法

一、教师职业道德评价的形式

要发挥教师职业道德评价的作用，必须采用正确的评价形式和评价方法，讲求评价形式科学规范、评价方法合情合理，从而通过评价促进教师良好价值观的形成，促进教师良好职业道德的不断强化。依据不同的分类方式，教师职业道德评价的形式主要有以下几类。

（一）社会舆论评价、教育习俗评价和内心信念评价

1.社会舆论评价

这里讲的社会舆论，特指人们以教师职业道德的原则和规范为标准，对教师的职业道德所进行的议论和评判。校内舆论主要指教师、学生和学校管理人员等对教育现象和行为的看法和态度；校外舆论主要指学生家长、社会组织和团体以及新闻媒介等对教育现象和行为的看法和态度。

社会舆论反映出现实中的教师与学生、教师与他人之间的道德关系，对教师的道德行为起着积极的调节作用。同时，舆论还是一种重要的监督形式，不仅监督每一位教师，更重要的是监督学校、各级教育机

构和学校管理者。此外,舆论以一定的价值观念为依据,对教师的教育行为进行是非、好坏、善恶和美丑的评价。舆论的评价功能可进一步影响和调节教师和学校的行为。正确与错误、进步与落后的议论同时存在于社会舆论之中。舆论的混杂给教师职业道德评价带来一定的困难,这就要求有关部门对舆论给予严格的区分,对社会舆论加以引导,批评和抵制错误舆论,弘扬和扶植正确舆论。

社会舆论可以分为两种类型。一种是自觉的、有组织的社会舆论,称为正式的社会舆论,常以国家组织、新闻媒体为依托,有意识、有目的地营造某种社会舆论。如公开表彰优秀教师,报道教书育人的先进事迹等。另一种是非正式的社会舆论,即所谓的街谈巷议,是在小范围内自发形成的、无组织的舆论。这种舆论通常是人们遵循一定的生活经验和教育传统习惯而形成的,没有特定的组织和宣传工具,所表达的看法、议论和判断也往往是分散的、零碎的、不成体系的。

正式社会舆论在师德评价中最具权威性,而非正式社会舆论在师德评价中所具有的直接影响力也不容忽视。

2.教育习俗评价

教育习俗是指一定社会、民族的教师群体,在漫长的历史发展过程中逐步积累起来并世代相传的、普遍的、稳定的社会倾向、教育行为方式和教育道德心理等。教育习俗在道德评价体系中具有特殊作用。近代著名思想家、教育家康有为在《大同书》中,按照幼教、小教、中教等层次,对各层次的教师分别提出了教师素质和道德行为的要求:幼儿教师要"德行慈祥、身体健康、资禀敏慧,有恒心而无倦心,有弄性而非方品";小学教师要"德行仁慈、威仪端正、学问通达、诲人不倦";中学教师要"学行并高、经验甚深、形宜方正、德行仁明、文学广博、思悟通妙"。

教育习俗具有三个显著特征。一是稳定性。教育习俗历史悠久,它在历史发展过程中与社会政治、经济、文化和人们的社会心理紧密结合,形成了教育习俗的稳定性。二是群众性。教育习俗是一种群众性的、自发的、广泛的心理特征和行为准则。三是两重性。教育习俗既有进步的、积极的,又有不合时宜的旧传统、旧习惯。如古人倡导的"学而不厌、诲人不倦""因材施教、循循善诱""学思结合、学以致用""以身作则、知行合一"等传统教育观念,有利于推动教师职业道德的进步和社会的发展;对那些消极的思想观念,必须充分认清它的危害,消除它的影响。

3.内心信念评价

内心信念是人们内心坚信一定要遵循的,在人们的道德意识中根深蒂固的道德原则、规范和理想等。教师的内心信念作为内在尺度,是教师发自内心地对教师职业道德原则和理想等形成的内心最真挚的信仰,并由此产生的实现相应道德义务的责任感。它是教师道德认知、道德情感和道德意志的有机统一,是教师进行职业道德选择的内在动机,是教师判断行为善恶的主导力量。同时,教师内心信念又是教师个体职业活动的理性基础,是教师个人精神生活的道德导向,它能够推动教师自觉地履行道德义务,不断超越自我。

社会舆论、教育习俗和内心信念这三种道德评价方式相互配合,缺一不可,共同构成教师道德评价的完整体系。教师道德评价体系为教师道德水平的提高,教师道德和社会风气的根本好转,提供了重要保证和力量源泉。

(二)自我评价、管理评价与社会评价

1.自我评价

这是一种重要的职业道德评价方式,意味着管理者对教师的尊重和信任,有助于增强教师主人翁意识,鼓励教师积极参与评价过程,提高教师评价结果的可信性和有效性,使得评价过程成为一个自我改进、自我教育的过程。由于教师劳动的特殊性,在实际生活中,教师在有些情况下是独立开展工作的,在这种无人监督的情况下,如果教师作出了不道德的事,可能不为他人察觉和谴责,但是,教师却无法逃脱自己内心"道德法庭"的审判。这时教师的教育良心既是"起诉人",又是"审判官",它就会在内心"道德法庭"中起诉并审判自己,使自己感到内疚和不安,通过"良心责备"来调节自身的思想行为,保障教师的道德品质趋于高尚。就道德评价的深度而言,自我道德评价能够深入教师自

己内心世界最隐秘的领域,对自己的欲望、意图、动机、信念和理想等师德观念进行评价。当教师向自己发出"我应当这样做"的道德指令时,往往同时又会向自己提出"我这样做对吗?""我这样做会误人子弟吗?"等疑问,而对这些疑问的回答,就是在进行自我道德评价。

2.管理评价

管理评价是指以从管理的视角提高教师职业道德素质,由管理者组织进行的教师职业道德评价。一般通过以下三种方式实现:

一是学生评价。通过学生了解他们对教师职业行为的意见,包括教师对教育活动中的一些细节性问题的处理是否得当。比较简便的办法就是学校组织学生对授课教师和辅导员(班主任)遵守职业道德规范的情况进行测评。

二是教师评价。教师之间的互评既是师德评价的重要方法,也是教师相互学习的有效途径。教师评价可以是以教研组或年级组为单位,每位教师进行自查自评后,教师间再进行互讲互评,也可以实行定性评议和定量打分相结合的方式,得出评价结果。教师间的评价是基于个人类似的经验,能体会到同行的情感、态度和问题。一般来说,教师对同行的职业道德评价更具权威性,也更能提出中肯意见,但在同行评价中也容易出现"同行是冤家"或"同病相怜"的心理,导致评价的失真。

三是领导评价。这是一种自上而下的由学校或教研室、年级组领导实施的评价。领导一般都是较为优秀的教师,能从更高的视点、更广的范围对师德作出评价,具有较强的权威性,其意见和建议往往更全面,对师德改进的帮助也就更大。

3.社会评价

社会评价主要是来自校内外各方面的评价。评价者可以是个人,也可以是团体或组织。常见的评价主体有:学生家长、社区管理人员、社区内一般成员、教育协作单位人员等。从广义上讲,教师所在学校之外的所有成员都有权对教师行为进行道德监督。俗话说,"当局者迷,旁观者清",评价主体可以超越评价客体的主观局限性,多角度、多层次地观察和判断评价客体,使评价更为真实、客观和准确。但是,如果评价主体对评价客体怀有偏见,或者出于某种个人目的,不能正确运用评价标准,也会出现评价结果失真的现象。

因此,在教师职业道德评价过程中,一方面要做好评价主体的思想工作和心理指导,防止评价主体受到权威效应、定势效应、光环效应、投射效应等心理因素的影响和干扰,出现认知偏差,影响评价的客观性和准确性;另一方面,对于他人的评价结果也要进行认真分析,并将深入细致的调研工作和他人评价结合起来,经过去伪存真的过程,使他人评价建立在客观、公正的基础之上。

(三)发展性评价与终结性评价

发展性评价是一种面向未来的评价,是一种依据目标、重视过程、及时反馈、促进发展的形成性评价。它主张在宽松的环境中,用动态和发展的眼光对教师进行评价,强调将教师现有的表现与原来的表现进行比较,对不同发展阶段的教师有针对性地提出改进意见。发展性评价鲜明显著的特征就是关注教师的个体差异,并根据差异确定个体化的评价标准、重点和方法。因此,应当突出教师在评价中的主体地位,鼓励教师参与讨论与修订指标体系,从而明确教师评价的具体内容。

对教师的职业道德进行终结性评价,实际意味着给其评定一个阶段性成绩,这个阶段性的成绩可以成为学校实施教师队伍管理的主要参考。更重要的是,教师能从终结性中看到自己职业道德素质的提高程度,他人和社会对自己的接纳程度,有利于教师激励自己进一步提高道德修养水平。

二、教师职业道德评价的方法

(一)教师职业道德评价的具体方法

在教师职业道德评价过程中,具体的评价方法是多种多样的,总的来说有定量和定性两种方法。定量和定性相结合的原则,在教师职业道德评价中尤为重要。采用定量分析能比较准确地反映客观实际,防止主观性,但也有许多指标很难用数量来表现,特别是关系到人的思想、情感、意志等主观因素,若强求用精确的数字去表示,反而不客观和不科学。

1.定性评价方法

由于教师职业道德的特殊性,作为评价依据的行为动机、行为效果、行为目的和行为手段等很难进行量化,在这样的情况下可以运用定性的分析方法。首先,对教师的行为进行描述性的分析,指出其错误所在与危害,制订矫正行为的具体方案,即有针对性地提出改进性意见与建议。其次,根据教师的不良职业行为在其职业道德品质中所占的地位,就该行为对其职业道德品质的影响程度作定性评估。最后,对该教师的总体职业道德品质确定一定的等第。应当说明的是,确定教师职业道德水平所达到的具体等第并不总是必要的,如果不是为了评比或奖惩提供依据,可以省略这一环节。

对教师职业道德进行定性分析,其具体方法包括活动观察法、典型行为分析法、座谈(访谈)法、开放式问卷调查法、听课考察法、情景测试法、意见征询法及非正式交流,等等①。

2.定量评价方法

对教师职业行为和职业道德品质不仅需要进行定性的分析和评价,也需要在定性评价的基础上,再进一步给予定量的分析和判断,仔细地分析其行为中所包含的"善行"和"恶行"孰大孰小,孰主孰次,孰重孰轻。一般地说,量化的过程只要具有客观性和科学性,往往更具有说服力和教育意义。运用定量方法的关键在于考核指标体系的确立与指标的细化,各项指标所占权重的分配应当尽可能合理。尽管教师职业道德评价应当遵循全面性原则,但这并不意味着要把各评价要素不分主次、不区分重点与非重点地简单相加。因此,给哪些指标以更高的权重是必须谨慎对待的,同时考核指标的数据采集也应做到恰当合理。

(二)教师职业道德自我评价的具体方法

1.参照法

参照法是以别人对自己的评价为参照点的评价方法。比如,由于

---

① 朱平.高等学校教师职业道德概论[M].合肥:合肥工业大学出版社,2009:177—178.

自身的行为符合师德规范,常受到同事、领导、学生及家长的肯定和赞扬,教师就可以通过赞扬的来源、广度和连续性,获知他人对自己的评价是好的、比较好的或很好的;相反,如果听到的多半是同事、领导、学生及家长的批评或不满,那么,就可以推知别人对自己的评价是一般的、不好的或坏的。参照法以别人对自己的评价为一面镜子,从他人对自己的评价中看到自己的形象,为自己分析和评价自己提供基础。

2.量表自评法

由教师自行设计一张听取意见的表格,主动要求学校领导、同事或学生对自己的师德评出等级,并根据不同的等级所得的分数进行比较,然后得出他人对自己师德修养情况的评价。听取意见表如下(供参考):

表 5-1 听取意见表

项 目	很 好	好	一 般	较 差	差
献身教育					
教书育人					
热爱学生					

3.水平对比法

这种方法是通过将学校里与自己的地位、条件相类似(如职称、教龄)的教师相比较,来认识他人对自己的评价和他人对某人(与自己条件相当的)评价之间的关系与差异。

4.期望比较法

师德修养的自我评价最终取决于教师本人的自我期望。因为,只有教师对自己的师德行为和品德提升有期望时,才能有突出的师德表现。高期望,表现突出;低期望,表现平平。所以,期望比较法是教师提高师德评价和师德修养的重要方法。

教师职业道德评价日益强调以人为本,注重师生的共同发展,重视过程性的评价。在评价方法上,要强调定量评价和定性评价互补,结果评价与过程性评价并重,他人评价与自我评价相结合,正式评价和非正式评价并存。目前,教师职业道德评价方法还不够成熟,在借鉴其他领域的评价方法中，还需做到"本土化"，即与教师职业道德评价的自身规定性相整合。如在教育学中，"做中学"的教育思想成为当前儿童教育改革的热点，这种观念也可以引入教师职业道德评价的方法中来。在新方法和技术运用方面，如系统科学方法的应用、模糊数学和信息技术等新技术手段的导入，都会给教师职业道德评价带来全新的视野。

总之，教师职业道德评价关系到教师的成长、学校的建设和未来教育的发展。因此，建立系统、科学和规范的教师职业道德评价体系势在必行。要建立多层面、全方位和立体式的评价方式，使评价成为教师、管理者、学生以及社会共同参与的交互行为。

学习与思考

1.教师职业道德评价应该遵循哪些原则？

2.当代我国教师职业道德评价的具体标准是什么？

3.如何理解教师职业道德评价的依据？

第六章　教师道德品质

社会为了维护自己的稳定和发展,总要对人们的行为进行调节,这种调节通常是从法律和道德两个基本方面进行的。就道德调节来说,又表现为两种基本形式,即社会的道德规范要求和个人的道德品质。这种调节方式普遍适应于各行各业,同样适应于教师职业。教师的道德建设,一方面需要提出科学完备的道德规范体系,另一方面需要依靠教师个人加强师德修养,养成优良的道德品质。

第一节　道德品质概述

一、道德品质的内涵

道德品质,即人们通常所说的品德或德性,指一定社会的道德价值观念和行为规范在个体思想行动中的体现,是一个人在社会道德生活中所表现出来的比较稳定的心理特征和行为倾向。

纷繁复杂的社会总是存在着各种各样的社会现象,这些社会现象在总体上可以划分为经济现象、政治现象、文化现象、道德现象等。道德作为一种特殊的社会现象,自身又是纷繁复杂的,人们常常感到道德生活世界存在着许多说不清道不明的问题。但是,对于道德生活世界,我们可以在总体上将其划分为两个彼此区别又相互联系的基本部分,这就是社会的道德现象和个人的道德现象。前者主要由社会的道德风尚、道德关系、道德价值观念和道德准则构成,后者主要由个人所处的道德关系及其道德品质构成。社会的道德现象与个人的道德现象是紧密地联系在一起的。社会的道德现象在根本上影响着个人的道德现象,特别是决定着个人道德品质的形成与发展。因此,个人的道德品质总是相对于社会的道德现象,尤其是社会的道德价值观念和道德准则来说的,没有社会的道德现象也就没有个人的道德现象,也就没有所谓的道德品质。

当代中国正处在改革开放和发展社会主义市场经济的重要时期,经济的发展与政治的进步,对社会的道德现象产生前所未有的重大影响。如今的社会道德价值观念和行为准则与过去相比,已经大不相同了,这些重大的变化必然会对社会的道德现象特别是个人的道德品质发生极为深刻的影响。为什么如今人们对社会道德现象的理解,对个人道德品质的关注,在许多方面与过去不一样,原因也在这里。

但是,人的道德品质并不是对社会道德现象和道德准则的消极、被动的反映,其形成需要主体的自觉活动。它虽然在发生的意义上是由社会的道德现象决定的,受特定社会的道德价值观念和道德准则的制约,但是在根本上却是主体进行自觉认知和心理体验的产物。正因为如此,同样在一定的社会道德现象、道德价值观念与道德准则的影响之下,不同的人却会形成不同的道德品质。特定社会的道德现象并不是孤立、抽象的存在物,总是以特定的人们的道德品质为其实质性的内涵,而特定的道德价值观念和道德准则又总是以特定的人们的道德品质为基础和对象的。

由此看来,完全可以说,个人的道德品质在根本上体现着特定社会的道德风尚和社会的文明进步程度。因此,社会的道德建设应当把立足点放在个人道德品质的养成上。

二、道德品质的结构与特征

结构是事物存在的基本方式,事物总是以某种特有的方式而存在。道德品质作为一种特定的道德现象,其存在必然有其特定的结构。考察道德品质的结构,是我们认识和把握道德品质的基本途径。

人的道德品质结构由四个基本成分构成,即道德认知、道德情感、道德意志和道德行为。

道德认知,简言之,是关于社会道德现象与道德规范和要求的认识,它是个人道德品质结构的知识层次。就实质性的内容看,个人的道德品质的结构中,道德认知是关于善与恶的知识。

作为知识形态,个人的道德认知包含三个方面的基本内容。一是关于一定时代的社会道德现象的认识。这种产生于道德宏观领域里的认识活动,具体内容一般涉及对社会的道德风尚,特别是"官德"风貌的评价。二是关于人际关系中的道德关系的认识与评价。道德关系是社会道德现象的一个重要方面,作为"思想关系"形态影响人们的道德生活。人们平常所说的"人缘关系"是道德关系的最一般形态。三是关于把握社会道德现象和处理道德关系的社会道德准则的认识,这是道德认知的主要成分。就特定的个体来说,道德认知就是道德知识。人们通过学习,了解和把握了一定社会的道德准则——道德规范和要求,就将其作为知识沉积在自己的知识结构中,在观察社会和人生时又将其作为评价的标准显现出来。平时,人们都是运用这些道德知识去观察社会的道德现象,认识周边的人,反顾和检查自己的道德角色的。所以,在实际的道德生活中,道德认知通常反映的是人的一种能力,即进行道德判断、评价和选择的能力。

道德情感是指人们对现实生活中的道德风尚和他人的道德行为所表现的好恶情绪与态度。道德情感的一般形式是喜、怒、哀、乐。它的产生,首先是由于面对一定的对象,这种对象又往往与自己存在着某种实际的利益关系。人类的道德活动都与其相互之间存在的某种利益关系相关,道德情感作为一种内心体验或多或少都产生于这种利益关系。当然,这里所说的利益关系,既有物质意义上的,也有精神意义上的,后者主要是个人的尊严。其次,道德情感的产生及表现总是要借助于一定的道德认知,丰富和美好的道德情感总是道德知识积累的成果。也正因为如此,道德情感在人的情感结构中居于特殊的位置,人在其他活动领域所表现出来的情绪和态度,在一般情况下多含有道德情感倾向。

这里需要特别注意的是,道德认知决定着道德情感。所谓爱或恨的"缘由",实际上都是产生于一定的道德认知。认识对了,所"爱"所"恨"就是善的;反之,所"爱"所"恨",就是恶的。

　　道德意志是人在道德判断和道德选择上表现出来的一种稳定性和坚持精神。俗话说"江山易改,本性难移",指的就是道德意志的稳定性特征。一般来说,一个人形成了某种道德意志,也就形成了某种相应的道德品质。与道德认知和道德情感一样,道德意志也有"善""恶"之分。道德意志善良的人,不论是在捍卫国家利益和参与国家政治生活的"大节"问题上,还是在日常与人相处和处理与集体的关系的"小节"问题上,都能一如既往,毫不动摇。孟子说的"贫贱不能移,富贵不能淫,威武不能屈",后来陶行知在三个"不能"后面又加上一句"美人不能动",说的就是善的道德意志,即一种向善的坚持精神。在实际生活中,也有这样的一些人,他们的道德意志所表现出来的坚定性很强,但却是向恶的,丧尽天良,干尽了坏事,成为十恶不赦的罪人。

　　道德意志与道德信念紧密相关,一个人具备了某种人生观、道德理想和道德价值观,也就相应形成了某种道德意志,并由此而相应产生某种强烈的道德责任感。"贫贱不能移,富贵不能淫,威武不能屈",是一种道德意志;哥们义气、为朋友两肋插刀,也是一种道德意志,但支撑它们的人生观、道德理想和道德价值观却不一样。

　　道德行为是人们为追求一定的道德价值而采取的实际行动。道德行为有个体行为和群体行为之别,后者即人们通常所说的道德活动。在一定社会里,个体的道德行为和群体的道德活动都包含两个方面的意思。一是泛指一切可以进行善恶评价的道德行为,二是指为培养一定的道德品质达到一定的道德境界而进行的道德活动,即道德评价、道德教育和道德修养。道德行为是人的道德品质的特有倾向,也是道德品质的真实价值所在。

　　一个人的道德品质就是由上述四种基本成分构成的。道德认知是形成特定的道德品质的前提和基础;道德情感是特定的道德品质结构中最活跃的因素,它使道德认知呈现出行为倾向;道德意志是道德品质结构中最稳定的因素,它是形成特定的道德品质的根本标志;而道德行为则是道德品质结构中最有价值的成分,它使特定的道德品质成为一种道德价值形式。这四种基本成分有机地构成了一定的道德品质的基本形态。道德品质具有如下一些特征:

第一，整体的稳定性。道德品质结构中的每一要素，都处于一种稳定的状态，而不是一时一地呈现出的某种现象。比如，一个人今天认为人与人之间应当互相帮助、团结友爱，明天又赞同人不为己、天诛地灭；今天做了见义勇为的好事，明天又干了见死不救的坏事，我们能说这个人的道德品质是好还是坏？不能，因为他在道德认知和道德情感以及道德行为方面的表现不具有稳定性的特征。当然，这里所说的整体稳定性，是就一般的意义上说的。就个体而言，道德品质则有很多复杂的表现。正在接受学校教育的学生，不论是小学生、中学生还是大学生，他们的道德品质在整体上是不稳定的。即使是成年人，由于种种原因，有些人的道德品质也处于一种不稳定的状态，有的甚至一生都处于这种状态。

第二，过程的两面性。任何人道德品质的形成都不是一朝一夕的，而是一个发展过程。优良的道德品质的形成是如此，不良的道德品质的形成也是如此。我们称前者为递进性过程，后者为递退性过程，两者都反映了道德品质形成和发展的实际过程。一个人特别是青少年，在道德品质的形成与发展的过程中，这两种趋向都是客观存在的，究竟是递进还是递退，取决于个人的人生价值观及人生追求方式。比如想出人头地、成名成家，这本是正常的事情，但如何去出人头地、成名成家，却有人生价值观的指导和人生追求方式的问题，需要思考和选择。这种指导、思考和选择，决定着人的道德品质的形成与发展的方向。电视剧《惊天大劫案》中的何国光，本是一个老实巴交、很有培养前途的建筑专业的大学生，因急于要出人头地，因要"做大人""干大事"而中途退学去办公司，最终又因"来钱不快"铤而走险去抢银行，沦为十恶不赦的罪犯。何国光的堕落说明，一个人尤其是青年人在道德品质形成与发展的过程中，如果人生价值观和人生选择方式不正确，就会误入歧途。

第三，个体的差异性。不同的人，道德品质总是不一样的，甚至完全不一样。这一方面表现在性质上的差异，人们评价道德品质的状况时常用的"高尚""优秀""良好""一般""差"等标准，这是关于道德品质的性质差异性的描述。另一方面表现在结构状态或模式上的差异。同样是道德品质优秀的人,有的突出地表现在道德意志方面,显示出沉着稳健、坚忍不拔;有的突出地表现在事业心方面,爱岗敬业,孜孜不倦地追求工作的业绩;有的则可能突出地表现在助人为乐方面,看到别人需要帮助,马上就会伸出援助的手,等等。在日常生活中,人们通常用"个性"一词来区分人与人之间存在的某些差别,"个性"从道德意义上来说属于"道德个性",也就是道德品质方面的差异性。

道德品质结构状态或模式上的差异性是普遍存在的,犹如世界上找不出两片完全相同的树叶一样,也找不出两个道德品质在结构状态或模式上完全相同的人。这种差异一般并不反映一个人道德品质的优劣,因此不能用来作为评价道德品质的标准。道德品质结构状态所表现出来的差异性,正是道德生活丰富多彩、生机勃勃的表现。社会的道德教育和个人的道德修养的根本目的,是要用特定的道德价值标准把同时代的人们培养成为"一种人",而不是要把同时代的人培养成为"一个人"。

三、道德品质在社会道德中的地位与作用

我们可以从三个方面来考察和认识道德品质在整个社会道德中的地位与作用。

第一,道德品质是社会道德风尚的实质性内容。社会风尚也就是人们平常所说的社会风气,它是一定社会的经济、政治、文化等状况的综合反映,是广大社会成员道德与精神面貌的总体表现。就实质内容看,社会风尚所反映的是什么?是人们在处理彼此之间以及自己与社会集体之间的关系时所表现出来的道德水准,而能体现和说明这种水准的根本因素就是人们的道德品质。人们对社会风尚的认识和把握从来都不是抽象的,而总是从自己的切身感受或调查研究中获得的,由了解与己相关的"人心"进而发现"世风"。所以,人们在描述一个衰败时代的社会风尚时,常把"人心不古"与"世风日下"放在一起。由此看来,要想改善和优化一个时代的社会风尚,还得从努力培养人们的优良的道德品质做起;就个体来说,要想社会风尚好,就应当从加强自己的道德修养做起。在社会风尚面前,如果人人都做批评者,那么他同时就

成了别人的批评对象,结果就出现了这样一幅社会生活图景:人人批评人,人人被批评。试想,这样的社会,会不会有一种好的道德风尚?要想有一种好的社会风尚,就必须从其实质性的内容抓起,即从人的道德品质的培养抓起。因此,社会风尚的建设不是仅靠国家和社会管理部门的高度重视就能奏效,它是一项需要每个人都亲身参与的群众性工程。

第二,相对于社会道德规范来说,道德品质是社会道德规范的价值体现。道德作为一种价值,首先以一定的规范形式表现出来。在道德生活领域,社会需要和希望人们怎么去行动,通常是以道德规范的形式反映出来。人们在特定的社会道德规范面前一般会采取两种态度,进行两种选择。一是用此作为评价的标准去度量他人的行为是否合乎道德,二是将此作为“做人”的准则变成自己的认识,内化为个人的某种情感,并用此指导自己的日常行动。社会道德规范的价值就是这样通过主体的两种态度和选择实现的。不难看出,这两种态度和选择归根到底还是选择后一种,即将社会道德规范转化为个人的道德品质。因为,评价他人的行为实际上是以他人具备了某种相应的道德品质为前提的,不然,评价就是徒有其名、流于形式。由此可见,培养人的道德品质是实现社会道德规范的价值的基本途径。一种道德规范或一个道德规范体系是否有价值,根本的不是要看其是否完备,而是要看其是否被人们普遍接受,人们是否因此而具有相应的道德品质。

第三,相对于社会的道德建设来说,培养优良的道德品质是社会道德建设的根本目标。道德建设涉及的方面很多,概言之有道德理论建设、道德规范建设、道德教育和评价机构建设,以及个人的道德修养等。这些建设的根本目标是培养人们优良的道德品质,离开这个根本目标,任何道德建设活动都毫无意义。据有关媒体报道,杭州市的道德与精神文明建设很有成效,其基本的做法和经验是“以人为本”。所谓“以人为本”,也就是要以改造和提高人的思想道德品质为本,这就抓住了社会道德建设的核心问题,抓住了根本。

总之,道德品质是社会一切道德现象的主体部分。离开了人们的道德品质的实际状况来谈一个社会的道德风尚是否良好,道德规范是否完备,道德建设是否有效,都是水中捞月、纸上谈兵。

第二节　教师道德品质的主要内容

教师的道德品质,是指教师在自己的职业活动领域,通过一系列的道德行为所表现出来的比较稳定的、一贯的特征和倾向。它是一定社会的教师道德原则和规范在教师个人行为中的体现,反映着教师的道德觉悟水平、道德境界和道德修养状况。教师的道德品质如何,不仅对教师的一生具有重要意义,对其所从事的教育教学工作更有着不可低估的影响。

教师的道德品质是由教师的道德认知、道德情感、道德意志和道德行为所构成的,是教师内在的心理品质知、情、意、行诸要素的辩证发展过程。

一、教师道德认知

教师道德认知,是教师对一定社会的道德关系以及如何处理这种关系的原则和规范的认识,它是教师的认识过程在教师品质上的反映,体现着教师品德的理性特征。教师道德认知是教师道德品质形成的思想基础,对教师道德品质的形成和发展具有重要的作用。因为教师的教育行为是受道德认知支配的,只有认识深刻,情感体验才会丰富强烈,才能知道为何行动、怎样行动,并把正确的教育行为坚持下去。因此,教师的道德认知始终贯穿于其道德品质形成的各个方面,是形成教师道德品质的基本条件。

教师道德认知的过程包含着三个相互联系、相互衔接的转化层次:其一是把外界教育和引导提供的各种刺激信息,即教师道德规范转化为个体的心理因素;其二是教师在大脑中将诸多心理因素通过联想、比较和选择,进行分析和概括,转化为理性观念;其三是用这些理性观念指导行为,为观念转化为行为做好准备。因此,要深化教师的道德认知,就要做好以下三方面的工作:

首先,引导教师完整、准确地理解教师道德规范,明确教师在教育活动中应遵循的道德要求,认识遵循这些规范、要求的道德意义,这是教师形成道德评价能力、践行正确教育行为的前提。例如,当学生上课不认真听讲,教师用何种方法对待学生?是居高临下地严厉指责,还是反躬自省?是从自身探寻原因,还是循循善诱,和学生进行有效的沟通?教师采取何种做法,直接取决于教师对道德规范的认识程度和理解深度。所以说,教师的道德认知决定了其在教学中采用什么样的教育方法和教育行为。

其次,提高教师的道德判断能力。教师的道德判断能力,是指教师用学习和掌握的道德规范对自己、他人以及社会所存在的客观现象作出是非、善恶、荣辱的分辨、判断和评价。教师的是非观念、辨别能力如何,均与教师的道德认知水平和生活经验的积累密切相关。特别是在市场经济条件下,在社会多元价值取向面前,教师的道德判断能力尤为重要。只有在教育教学活动中,不断培养、训练教师的道德判断和道德选择的能力,为教师提供正确的教育行为模式和道德行为典范,分析、批判不良的教育行为表现,才能使教师在教育活动中做到明是非、识真伪、分善恶、辨美丑、知对错,从而为形成良好的教师道德奠定基础。

最后,强化教师道德信念的形成。教师的道德信念对于其提高道德的认知和践行正确的教育行为都有较大的推动作用。信念是人赖以奋斗的精神支柱,教师的道德信念是教师在道德认知和道德实践活动中逐步确立的,它不是一种单纯的道德认知,而是坚定的道德观点、强烈的道德情感和顽强的道德意志的结合。它一经形成就不会轻易地改变。道德信念是道德动机的高级形式,它可以引起、推动和维持人的道德行动,使人的道德行为表现出坚定性和一贯性。离开了道德信念,人们就不可能自觉地、深刻地认识事物,判断是非,就不可能坚持真理、捍卫信仰。因此,教师的道德信念对于其道德品质的形成具有重要作用。

二、教师道德情感

教师道德情感,是教师在道德情感实践活动中与教师的道德需要相联系的情感体验。教师对师德要求有了认识,但并不一定能够真心实意地按照要求履行其应尽的道德义务,这里有一个情感问题。在从事教育活动的过程中,没有道德情感的教师,即使凭"理智"去做了教师工作,他也是显得很被动、很勉强的,甚至会对教学中好的、应该做的爱不起来,对错误的、不应该做的恨不起来。教师在道德实践活动中,以自己的道德需要来审视别人的言行,反观自己的动机、言行,如果道德需要得到满足,则会产生积极肯定的情感体验,如欣赏、喜悦、心安等;反之,则会产生消极否定的情感体验,如憎恨、厌恶、郁闷、烦躁等。道德情感是教师的情感过程在品德上的反映,它始于道德认知,同时它又是道德认知转化为道德动机和信念的催化剂。

苏霍姆林斯基曾经说过,情感——就是道德信念、原则性和精神力量的血肉的心脏;没有情感,道德就会变成只能养成伪君子的枯燥无味的语言。教师对自身工作意义的认识,对教师工作价值的评价,对教学工作的态度,对学生的态度,都会同他自身的道德情感息息相关。而且,由于青少年的可塑性极强,教师的道德情感必然会在学生身上有所反映,并引起道德情感上的连锁传递。因此,教师培养、陶冶爱憎分明的道德情感就显得十分重要。高尚的道德情感对教师的行为有巨大的推动、控制和调节作用,是一种自我监督的力量,它可以使教师保持良好的行为,并避免行为过失。

道德情感容易受主观因素的影响而产生波动,不像道德认知那样,理解后就能及时产生效果。因此,教师道德情感的陶冶需要花费更多的时间,付出更大的努力。这不但要依靠教师的理性认知,而且更要依靠教师在职业生涯中的长期磨练和培养。

三、教师道德意志

教师道德意志,是教师为实现教育目标,自觉摆脱诱惑、战胜困难、克服阻力的坚持精神。教师职业道德意志的形成过程也是教师道德认知向道德行为和实践的转化过程,是主观见之于客观、观念付诸行动的实践过程。这一过程集中体现了人的主观能动性。教师形成了自己的道德信念和道德意志,才能抵制各种不良动机的诱惑,调节和控制自己的消极情绪,自觉克服职业品德形成中的各种困难,最终超越自我,实现高尚的职业道德目标。教师道德意志的内在动力是道德信念、道德认知和道德情感。教师对社会要求的道德规范认识得越深刻,感情越强烈,他所确定的行为目标才会越清晰,也才有可能在行为中表现出锲而不舍的精神和坚定、果断、勇敢、顽强、百折不挠的品质。因此,教师道德意志是教师的认识过程在职业品德上的反映。

教师在履行职业道德所规定的各种义务时,并不是一帆风顺的,会遇到各种各样的困难或阻力。这些困难或阻力既有客观因素,如社会上错误舆论的导向、不正确的传统观念、家人的误解、学生及家长的责难等,也有来自主观上的原因,如面对社会上纷繁的诱惑,会在个人利害得失上出现个人欲念的冲突,导致心理失衡,干扰教育行为等。一旦出现这种情况,教师如果没有坚毅顽强的道德意志,就可能在道德行为上出现偏差。

因此,教师道德意志的作用主要表现在两个方面:首先,教师道德意志使教师能够作出正确的价值判断,用理智战胜欲望,防止错误行为的发生;其次,教师道德意志使教师有勇气和决心排除来自主客观方面的干扰和障碍,持之以恒。因此,培养、磨练教师的道德意志至关重要。

四、教师道德行为

教师道德行为,是教师在一定的道德认知、情感、意志的支配下所采取的对他人或社会具有一定道德意义的教育行动。这种实际行动既是教师道德面貌的反映和教师道德品质的外在表现,也是衡量教师道德品质优劣的重要标志。教师的道德行为在品质结构中具有重要意义。

教师道德行为的养成是在教育教学过程中,经过反复练习和实践逐步形成的。教师某些道德行为方式经过练习得到巩固成为习惯之后,它在新的情境中也会发生迁移作用,能自动地按照已经习惯化的行为方式行动。教师良好的行为习惯能使其道德品质达到较高的境界。因此,塑造教师良好的道德习惯,是教师道德修养的归宿和落脚点。

总之,教师道德认知、道德情感、道德意志以及道德行为是构成教师道德品质的基本要素。各个要素之间既有联系又有区别,并相互作用、相互促进,不可偏废任何一个方面。

第三节　教师道德品质的主要特征

教师是培养一代代新人的"人类灵魂的工程师",其道德品质与其他行业的人相比较,具有一些鲜明的特征。

一、以国家和民族利益为重的道德认知

教师一般都具有整体观念和大局意识,关心国家大事,关心时事政治,关心世界经济全球化的发展趋势。在处理个人与集体和国家的利益关系,处理个人与他人的利益关系的问题上,一般都能持正确的认识。在道德的自我评价和社会评价方面,教师所使用的价值标准都是当今时代、社会公认和公开提倡推行的。正因为如此,教师对自己职业的"人梯""春蚕""烛炬"的伦理本质属性,都有十分明确的认识,并为此而感到自豪。

二、以"爱"为核心的道德情感

爱,是人类共同的道德情感。教师的爱心主要体现在两个方面。一是爱国。教师无一例外都是爱国者,他们成年累月地工作,辛勤地教育和培养学生,都是为了祖国的繁荣昌盛和光明未来。二是爱学生。教育是一种充满爱的事业,学校是充满爱的地方。没有爱就没有教育,学校也因此而失去了存在的基本依据。教师是学校的主体,教育之爱主要是通过教师来体现的。教师的劳动对象是学生,教师一般都能像工人爱机器、农民爱土地那样对待他们的学生。学校的基本的人际关系是师生关系,师生关系是以爱的情感纽带联结起来,没有爱也就没有正常的师生关系,没有爱的师生关系是不可思议的。

三、道德意志具有坚定性

道德意志作为人的道德品质的重要组成部分,标志着人的道德品质的定型和成熟。教师一般都具有坚定的道德意志。

首先,教师能够坚持以特定的价值标准看待自己的职业,经得起各种诱惑和考验,终生默默耕耘,矢志不渝。不论是大学、中学还是小学,在每一个学校里人们都可以看到这样的老师。他们是我们民族的骄傲。

其次,教师在处人处事的原则上,坚持一定的人格标准。道德意志在通常情况下表现为特定的道德人格,两者在道德活动中的价值取向是一致的。自古以来,教师都比较注重自己的尊严和价值,强调人格的重要,从来不趋炎附势、同流合污、随波逐流。孔子所说的"三军可夺帅也,匹夫不可夺志也",孟子强调的"富贵不能淫,贫贱不能移,威武不能屈",都是关于道德人格的最早思想。在我国经济社会快速发展的历史时期,一些人,包括一些共产党员和领导干部,经不起金钱等诱惑,丧失了原则和底线,蜕变堕落,为人民大众所不齿。但是,在教师队伍里,人们很少听说有这样的事情发生。目前的学校特别是大学,一般都办了一些与经济开发有关的"对外窗口",主事的基本上都是教师,他们兢兢业业、公正无私,常在河边走但是没湿鞋。之所以如此,并不是像有的人所说的那样是因为"教师没有机会堕落",而是因为教师具有坚定的道德意志,注重自己的人格形象,把自己的尊严和价值看得比什么都重要。

四、道德行为具有一贯性

道德行为是人的道德品质的真实价值所在,一个人的道德品质如何,最终不是看其道德认知是否正确、道德情感是否丰富、道德意志是否坚定,而是要看其道德行为,也就是说要看其实际做的怎样。在实际生活中,人们常常可以看到这样的情况:这个人在这件事情上采取的行为是高尚的,在另外一件事情上采取的行为就无所谓高尚,甚至可能是卑劣的,这就叫行为的不一贯性。

教师在职业活动中表现出来的行为则不是这样,其一贯性十分明显。比如,教师总是十分认真地对待自己的教学任务,许多教师几十年如一日,上课从不迟到、早退,更不会无故缺课,兢兢业业,脚踏实地,默默无闻,不图个人名利。

教师一般看重的是学校管理部门和学生对自己的教学评价,自己的课上得怎么样,教学质量究竟如何。同时,教师比较看重自己的学术地位,大学教师尤其是这样。每逢职称评审时,都要凭借自己的实力去争一争。评上了要高兴一番,评不上则免不了会感到面子上过不去,有的甚至感到抬不起头来。应当说,这些情绪反映和行为表现是正常、正当的,恰恰表明教师对自己职业的热爱,对自己人生的执著追求。

教师道德品质的上述特征表明教师的道德品质与一定时代的人们的道德品质相比,处在较先进的位置。师范专业的大学生应当在读书期间就朝着这方面努力,通过有关师德修养方面的知识的学习,自觉进行师德修养,努力具备作为一名人民教师应当具有的优良品质。

学习与思考

1. 道德品质具有哪些特征?
2. 教师道德品质包含哪些内容?
3. 教师道德品质的特征有哪些?

第七章　教师道德修养

　　教师道德修养是教师处理各种教育教学问题的内在条件。良好的教师道德修养是教师化解各类教育教学矛盾、建立良好师生关系、顺利完成教学任务、实现教学目标的道德保障。教师道德修养是建立在教师对一定教师道德原则、规范和范畴正确认识的基础上，教师自觉进行自我道德教育和提高，并由此形成相应的道德品质的过程。教师道德行为的规范性、教师道德行为选择的科学性与教师的道德修养及道德水平直接相关。教师道德规范体系为教师进行道德修养提供了价值标准和行为尺度。教师道德原则、规范和范畴只有通过教师道德修养才能转化为教师的道德品质，并最终实现对教师道德行为的规范作用。

第一节　教师道德修养的含义及特点

　　道德修养是教师个体道德实践的重要形式。一定社会或阶级对教师的道德要求必须通过教师的道德修养才能内化为教师的道德品质，从而实现教师道德对教育教学活动的反作用。

一、教师道德修养的含义

　　"修养"是一个十分内涵丰富的概念。从词性上看，作为动词的修养指人们在政治、道德、学术、艺术、心理等方面加强学习和涵养锻炼的活动，主要体现为提高认知、增进情感、磨练意志程、坚定信念以及修正行为的过程，因此表现出较强的具体性、易变性、不稳定性和发展性。作为名词的修养表现为一种相对静止的结果状态，是个体经过长期的学习在科学文化、思想、艺术等方面所达到的一种能力水平以及在个人成长过程中逐渐形成的一种人格、态度和境界,因而它具有相对的抽象性、稳定性、一贯性、持久性和指导性。可以看出,"修"是"养"的前提和基础,"养"是"修"的完善和发展。从辞源上看,"修养"最初并非一词,而是由"修"和"养"组合发展而成。"修"是取舍,是有原则、有计划剪裁,目的在于去粗存精、去邪存正;"养"是在"修"的基础上的固本,是对一定思想和行为的发展和升华,目的在于使之充实、完善。

重视道德修养是中国传统文化的基本价值取向。在儒家看来,人生修养主要是道德修养,即"修身",要实现人生的最高理想,造就道德上的完善人格,修身是最根本的方法和途径。"古之欲明明德于天下者,先治其国;欲治其国者,先齐其家;欲齐其家者,先修其身,欲修其身者,先正其心;欲正其心者,先诚其意;欲诚其意者,先致其知;致知在格物。物格而知至,知至而后意诚,意诚而后心正,心正而后修身,修身而后齐家,家齐而后国治,国治而后天下平。自天子以至于庶民,一是皆以修身为本"(《礼记》)。在儒家看来,国家治理和自我修养是统一的。格物、致知、诚意是向自我的内心世界挖掘,而齐家、治国、平天下是向外部世界用力,修身是内心世界和外部世界的分界点,也是由内心通向外界、由外界转为内心的轴心和结合点。修身是始点,是归宿,一切社会行为都由修身开始。

所谓道德修养,是指个人自觉地按照一定社会或阶级的道德要求在道德意识和道德行为上所进行的自我改造和磨练的活动,以及经过长期锻炼所形成的道德情操和道德品质。具体来说,主要包括以下几个方面:

第一,道德修养的目的在于培养个体履行一定阶级和社会的道德能力,使自己的行为更加符合一定阶级和社会的道德要求。第二,道德修养的过程是一个塑造和改变自己道德面貌的过程。任何人的道德面貌都不是生来就有的,也不是一成不变的,而是道德主体按照一定的标准自我塑造的结果。道德主体通过道德理论学习与实践锻炼,其识辨善恶的能力、选择行为的能力、道德评价的能力就会达到一个相应的境界,由此,就会具备一种相应的道德修养。第三,道德修养主要包括两个方面内容:一是为了自己的道德能力达到一定水平而进行的自我教育和自我锻炼活动,这是道德修养的动态部分;二是经过自我教育和自我锻炼所达到的道德境界,这是对道德修养的静态考察。道德修养既是行为又是结果,动中有静,静中有动。第四,道德修养是道德行为在实践基础上的自觉思想斗争过程。"自己跟自己打官司",就是道德修养根本特点的世俗性表述。在这场"官司"中,"原告"是修养者多选择的用以改造和塑造自身人格的一定的道德原则和道德规范,"被告"则是其反面,即自身人格中存在的道德上的不足,提起诉讼的"检察官"和依法行使裁判的"法官",都是修养自己。因此,道德修养主体的自觉性和主动性,是道德修养达到一定境界的主观前提。

教师道德修养是指教师为了适应教育教学工作的需要,根据教师道德的原则、规范、范畴的要求,在自身道德上所进行的自我磨练、自我改造、自我提高的活动,以及经过道德改造而形成的教师道德品质和达到的师德境界。

首先,加强教师道德修养是培养合格教师的需要。教师的教育行为受其内心信念的制约。教师的内心信念是教育过程中评价行为善恶的内在力量,这种内在力量的心理机制来自教师的良心和教师的义务感。当良心"告诉"教师,他在教育过程中的行为符合教师道德要求的时候,教师就会感到精神满足,并产生信念和力量,这种行为就会持续下去;当良心"告诉"教师,他的行为不符合教师道德要求时,他就会受到良心的责备,并驱使自己修正自己的行为。可以说,教师的良心使教师把选择道德行为作为职业活动的要求,教师的义务感则使教师意识到自己应尽的责任,从而担当起教书育人的责任。教师道德修养就是要培养和强化这种道德良心和道德义务,使教师自觉按照教师的道德要求去完成教育任务。

其次,加强教师道德修养是培养优秀学生的要求。教师道德不仅对教师具有规范作用,而且对学生道德意识、道德品质的形成和发展具有十分重要的影响。教师的道德品质、道德情操、道德行为对学生起到潜移默化的作用。教师是学生最直接、最易获得和最值得信任的道德榜样,因此,教师的一言一行、所作所为对学生的影响是深刻和持久的。正如德国教育家第斯多惠所说,教师是学校里最重要的师表,是直观的权威的模范,是学生最活生生的榜样。

二、教师道德修养的特点

教师道德修养既有一般道德修养质的规定性,也具有自身的特点,集中表现在以下三个方面:

(一)自觉性

师德修养贵在自觉,严于律己是提高自我道德修养的关键。师德修养是一个复杂艰苦的自我历练过程,这个过程离不开教师的自我觉悟。教师道德修养是一个自我认知、自我教育、自我充实和自我提高的过程,在这个过程中,必要的外在条件和影响虽必不可少,但最终取决于个人的自觉性。没有自觉性,道德修养就是无源之水、欺人之谈,只有具备了高度的自觉性,才能迸发强烈的修养热情,形成坚忍的意志,进而把自我修养看作一种难得的享受,而不是一种负担、压力和累赘。具备高度修养自觉性的教师,能在个人修养和实践过程中,克服困难,充分发挥积极性、主动性,并产生相应的审美喜悦。另外,社会对教师提出的职业道德要求能否为教师所接受,转化为教师个人的道德品质并在教学实践中加以遵守,关键在于教师有没有道德修养的自觉性。教师只有在教育实践中,把不断提高师德修养作为发自内心的主观能动力量,才会自觉地按照社会的师德要求,进行自我教育和完善。

(二)持久性

教师道德内容的社会性和可变性决定了教师道德修养的持久性。社会存在不是固定不变的,社会存在的发展变化要求教师的道德必须适应社会发展的要求,与时俱进,完善自身,这是一个永无止境的过程。教师道德修养的过程是道德认知、道德情感、道德意志和道德行为相互关系、相互促成的过程,教师道德修养的目的是形成相对稳定的道德行为,完善人格。然而,人是发展中的人,教师所处的社会环境和道德环境也随着时代的变迁发生变化,教师的道德修养必定要根据变化着的社会环境和道德环境,遵循社会对教师的道德要求,进行道德建设。因此,师德修养注定不是一蹴而就的。"不积跬步无以至千里,不积小流无以成江海。"良好的师德修养绝不是朝夕之功,而是长期自觉磨练的结果。教师只有在平时的教育教学工作中不断培养优秀品质,才能积善成德,养成良好的道德品质。优秀的人民教师,必定是能够坚持不懈地进行自我学习、自我提高的人。

(三)实践性

一方面,教师的道德修养只有在具体的、现实的道德实践中才能提高,离开了道德实践,道德修养就永远是纸上谈兵。另一方面,教师的道德修养对学生具有实践价值。学生的优秀品质主要靠高尚的师德来熏陶,学生的理想要靠教师的崇高信念来启迪。教师本身具有高尚的道德情操、坚定的道德信念、良好的道德行为,对学生的世界观、人生观、价值观、审美观的形成和完善起着潜移默化的作用。苏联教育家苏霍姆林斯基说:"教师成为学生道德上的指路人,并不在于他时时刻刻都在讲大道理,而在于他对人的态度,能为人表率,在于他有高度的道德水平。"[①]可见,教师的道德实践具有两重性,自身师德修养离不开教育教学实践,同时,这种师德修养具有巨大的影响作用,对于塑造学生灵魂起着其他社会实践无法企及和不可替代的特殊作用。

第二节　教师道德修养的意义与目标

提升教师职业道德素质,需要提高对师德建设重要性的认识,需要制定科学合理、切合实际的教师职业道德规范,也需要对师德建设中存在的问题进行有效分析。但归根到底,师德建设需要有效的培育和持续的提升。在现代社会,教师道德修养具有重要意义,其目标就是培育忠实践履《中小学教师职业道德规范》的教师,培育受学生爱戴、让人民满意的好教师。

---

① [苏]瓦·阿·苏霍姆林斯基.和青年校长的谈话[M].赵玮,等,译.上海:上海教育出版社,1983:171.

一、教师道德修养的意义

教师作为人类文明的传承者和知识的重要传播者与创造者,所从事的是一项创造性的精神文化工作。这项工作对教师自身素质有着特殊的要求,并非所有的人都能胜任这一工作。美国克莱斯勒汽车公司前主席李·雅科卡说:"在十足的理性社会中,只有最优秀的人才能成为教师,而其他人只能做一些次要的工作。"

(一)教师道德修养是教师最重要的素质

一般地说,教师要完成自身的工作任务,需要具备思想道德素质、学科专业素质以及基本的教育教学理念和教育教学技能等。思想道德素质是教师精神层面和行为层面的素质,包括教师的理想信念、思想觉悟、工作激情、敬业精神、志趣境界、职业操守、道德品行、人格魅力、生活追求和行为习惯等。学科专业素质是指教师所应具备的学科基础知识和专业水平,包括教师完成特定教育教学任务所需要的本体性知识、条件性知识和实践性知识。教育教学理念和教育教学技能是从事教师工作所特有的一些观念和技艺。一般地说,教育教学理念主要包括教师的职业理念、责任理念、自我效能感、教育理念、学生理念、人才理念等。教师的基本从教技能主要包括语言表达能力、书写能力、课堂教学组织能力、班主任工作能力、组织课外活动能力、教育艺术能力、情感表达能力、沟通能力等。在现代意义上,教育教学技能还包括计算机操作能力、多媒体课件制作能力以及信息资源开发和利用能力等。

在教师素质整体结构中,不同的素质各有各的用处,各有各的地位和价值。思想道德素质主要解决教师的工作动力、精神境界和职业操守问题,解决教师愿不愿意从事教师工作、愿不愿意教或愿不愿意教好等深层次的精神动力问题。学科专业素质主要解决教师"教什么"的问题。对于一个没有任何学科专业知识基础或背景的人来说,无论如何是无法胜任教师工作的。教育教学理念和教育教学技能主要解决教师"怎么教"的问题。教育教学理念是教师职业之根,教育教学技能是教师职业之器,没有先进的教育教学理念,没有从事教师职业的一定的技能和技艺,同样无法胜任教师工作。例如,关于教师的教育理念,现在最重要的是必须确立素质教育的理念,确立实践的教育、创新的教育、个性化的教育以及人的独立性教育的理念,这些教育理念代表着世界教育改革的潮流。按照联合国教科文组织的观点,教育应当促进每个人的全面发展,即身心、智力、敏感性、审美意识、个人责任感、精神价值等方面的发展。教育应该使每个人凭借学生时代所受的教育,能够形成一种独立自主的、富有批判精神的思想意识,培养自己的判断能力。一个教师只有确立了这样的教育理念,才有可能站在教育教学改革的潮头浪尖上。由此可见,教师素质是一个完整的体系,在教师职业生涯和教育实践的全过程中,各种素质交互作用,共同支撑着教师的教育教学活动。

教师素质结构中各个要素的地位不是平等的,其中师德是教师最重要的素质,是教师素质的核心和灵魂。对此问题,可以从以下三个方面来认识:

第一,师德是教师素质的核心和灵魂,这是由教师的地位、作用、职业特点以及教师所担负的特殊责任所决定的。提起教师,人们总会想到韩愈论教师的名句:"师者,所以传道授业解惑也。"与很多职业不同,教师的工作对象不是僵硬的、被动的物质,而是活生生的、个性能力性情迥异的受教育者,是有不同智力、不同需求、不同期待的学生。教师的基本职责不是创造某种物质产品,不是种树种草、放牧养殖、采矿冶炼,而是传播人类文明,启迪人类智慧,塑造人类灵魂,培育人类精神,开发人力资源。简言之,教师的天职就是教书育人。教书意味着传播知识和创造知识,育人则意味着塑造学生的精神世界,培养学生的良好品行,激发学生的创新精神,促进学生的全面发展。正是在这个意义上,人们尊称教师为"人类灵魂的工程师"。要履行教书育人的职责,没有过硬的思想素质和职业道德水平,没有较高的师德素养,是绝不行的。在现代中国,广大教师肩负着培养社会主义事业建设者和接班人的神圣职责,是亿万青少年学生成长的引路人。这是一项十分崇高、神圣和艰巨的责任。要完成这样的任务,高尚的师德就是一个最重要的保障。美国一位优秀的中学教师卡特说:"所有的教师都要牢记自己正承担着世界上最重要的工作。坐在教室里的学生是我们国家的未来。尽一切努力帮助孩子做好准备,迎接瞬息万变的世界的挑战是每个教师义不容辞的责任。这项任务意义重大,回报丰厚。"①

第二,师德对学生思想和行为有巨大的影响和教育作用。教师之所以必须具备较高的师德素养,除了履行教师的基本职责外,还有一个十分重要的原因:教师自身的行为操守对学生的精神塑造和行为养成有巨大的影响。这一点在中小学生身上表现得尤为显著。心理学和教育学的相关研究表明,在少年儿童行为习惯形成过程中,模仿是一种基本的学习方式。其中,父母和教师是少年儿童最主要的模仿对象,因而也是对他们品德养成和行为习惯养成影响最直接、最深刻的人。父母的一言一行深刻影响着孩子的思想和行为,教师的行为同样深刻影响着学生的思想和行为。教师是学生认识外部世界的一扇窗户,是学生把握社会生活的一面镜子。一个学高身正、富有人格魅力和学识魅力的教师,本身就是学生进行自我道德学习的精神源泉和智慧宝藏。相反,一个精神萎靡、思想颓废、师德表现不佳甚至有失德行为的教师,其所作所为会直接毁坏学生对学习、对人生、对世界的美好憧憬和信任,直接影响学生良好思想行为的养成。习近平同志在北京师范大学师生座谈会上指出:"一个老师如果在是非、曲直、善恶、义利、得失等方面老出问题,怎么能担起立德树人的责任?广大教师必须率先垂范、以身作则,引导和帮助学生把握好人生方向,特别是引导和帮助青少年学生扣好人生的第一粒扣子。"②胡锦涛同志在谈到师德对学生的影响时指出:"高尚的师德,是对学生最生动、最具体、最深远的教育。"③

第三,从教师自身职业发展的动力方面看,高尚的师德直接决定着教师的工作动力、职业满足感和职业幸福感。教师虽然是人类文明的

---

① [美]菲利普·比格勒,等.美国最优秀教师的自白[M].刘宏,译.北京:中国青年出版社,2008:42.

② 习近平.做党和人民满意的好老师——同北京师范大学师生代表座谈时的讲话(2014年9月9日)[N].人民日报,2014年9月10日.

③ 胡锦涛.在全国优秀教师代表座谈会上的讲话(2007年8月31日)[N].人民日报,2007年9月1日.

传承者和知识的重要传播者,教师工作虽然是一项十分崇高、神圣的工作,但在社会生活中,由于各种因素的影响,教师职业并不是人们争先恐后优先选择的职业,更不是社会上的热门职业。广大教师尤其是农村中小学教师在工作和生活中存在着困难和无奈。在当今中国社会深刻变革、市场经济深入发展、收入分配存在差距、价值选择日益多元化的历史背景下,教师们的精神困惑越来越多。因此,高尚的师德就发挥着为广大教师提供精神支柱和工作动力,使广大教师保持职业满足感和职业幸福感的作用。为了不让一个山区的孩子失学,教师可以忍受孤独寂寞、甘愿平凡、默默无闻、奉献一生;为了不让那些内心充满渴望的孩子和家长失望,教师可以奉献自己的全部青春年华。这就是普通教师的伟大形象,这就是高尚师德的巨大魅力。

(二)教师道德修养是教师队伍建设的首要环节

讨论师德修养,就必然要涉及整个教师队伍建设的问题。教师队伍建设是一个完整的体系,涉及教师的资格准入、学历标准、考试录用、培训提高、考核评价、职务聘任、评优奖励、教育教学、教研科研等方方面面,也牵涉保障教师政治地位、社会地位和职业地位,维护教师合法权益,不断提高教师待遇,依法保障教师收入水平,完善教师社会保障等内容。在教育发展中,教师队伍建设的重要性是人所共知的。在我国,经过多年的艰苦奋斗,尤其是经过改革开放三十多年的创新发展,教育事业取得了举世瞩目的辉煌成就。与此同时,人们对教育发展的地位和教师的作用也有了新的认识。百年大计,教育为本;教育发展,教师是关键,这已经成为全社会的共识。建设一支高水平的教师队伍,是发展教育事业、提高教育质量的关键所在。我们党的领导人都十分重视教师队伍建设,他们一再要求必须高度重视和切实加强教师队伍建设,必须吸引和鼓励优秀人才从事教育工作,必须形成尊师重教的良好社会风气。邓小平同志曾经指出:一个学校能不能为社会主义建设培养合格的人才,培养德智体全面发展、有社会主义觉悟的有文化的劳动者,关键在教师。习近平同志在北京师范大学师生座谈会上也强调:"教师重要,就在于教师的工作是塑造灵魂、塑造生命、塑造人的工作。一个人遇到好老师是人生的幸运，一个学校拥有好老师是学校的光荣，一个民族源源不断涌现出一批又一批好老师则是民族的希望。国家繁荣、民族振兴、教育发展，需要我们大力培养造就一支师德高尚、业务精湛、结构合理、充满活力的高素质专业化教师队伍，需要涌现一大批好老师。"①胡锦涛同志在谈到教师队伍建设时说："教师是人类文明的传承者。推动教育事业又好又快发展，培养高素质人才，教师是关键。没有高水平的教师队伍，就没有高质量的教育。尊重教师是重视教育的必然要求，是社会文明进步的重要标志，是尊重劳动、尊重知识、尊重人才、尊重创造的具体体现。"②这些论述抓住了教育发展的关键环节，也表达了提高教师队伍素质的强烈愿望。熟悉教育发展的人都明白一个基本事实，即提高教育质量，关键在于提高教师队伍质量。俗语"名师出高徒"反映的就是这个道理。我国城乡之间、区域之间教育发展的不均衡，一个关键环节就是教师队伍质量和水平的不均衡。近年来，城市基础教育发展中矛盾突出的"择校"现象，说到底实际上是教师的竞争，是优质教师资源之争。

当前我国教育正处在新的发展起点上，迈入了历史发展新阶段。在教育发展新的历史阶段，提高教育质量已经成为教育发展的主题，教师素质的重要性也显得越来越突出。经过多年的发展，我国已经实现了从人口大国向人力资源大国的历史性转变，今后我们面临的新的历史任务，就是实现从人力资源大国向人力资源强国的转变。在教育发展的新的历史阶段，提高教育质量已经成为各级各类教育最为紧迫的任务，也是各级各类教育发展的核心。提高教育质量是世界性的潮流，也是建设人力资源强国的本质要求。在教育发展新的历史阶段，提高教育质量已成为主题，这本身表明提高教师队伍的素质和质量同时成了教育发展的主题。

师德建设或教师职业道德建设虽然仅仅是教师队伍建设的一个方

---

① 习近平.做党和人民满意的好老师——同北京师范大学师生代表座谈时的讲话(2014年9月9日)[N].人民日报,2014年9月10日.

② 胡锦涛.在全国优秀教师代表座谈会上的讲话(2007年8月31日)[N].人民日报,2007年9月1日.

面,但从地位和重要性上考量,师德建设是教师队伍建设的首要环节,也是最为重要的一个方面。各级各类学校在教师队伍建设上,历来是把师德建设放在首要位置的,从中央到地方的各级党委、政府以及各级教育行政部门,历来也是把师德建设作为教师队伍建设的头等大事来对待。重视师德建设,是一个具有鲜明中国特色和中国风格的教育发展工程。

2004年颁布的《中共中央国务院关于进一步加强和改进未成年人思想道德建设的若干意见》明确指出:要切实加强教师职业道德建设。学校全体教职员工要树立育人为本的思想,认真贯彻《中华人民共和国教育法》《中华人民共和国教师法》《中小学教师职业道德规范》,热爱学生,言传身教,为人师表,教书育人,以高尚的情操引导学生德智体美全面发展。

2005年颁布的《教育部关于进一步加强和改进师德建设的意见》在论述加强和改进师德建设的重要性和紧迫性时指出:加强和改进师德建设是全面贯彻党的教育方针的根本保证,是进一步加强和改进青少年学生思想道德建设和思想政治教育的迫切要求。教师是"人类灵魂的工程师",是青少年学生成长的引路人。教师的思想政治素质和职业道德水平直接关系到大中小学德育工作状况和亿万青少年的健康成长,关系到国家的前途命运和民族的未来。我们要从确保党的事业后继有人和社会主义事业兴旺发达的高度,从全面建设小康社会和实现中华民族伟大复兴的高度,从落实科学发展观,落实科教兴国、人才强国战略的高度,充分认识新时期加强和改进师德建设的重要意义。

这两个文件对师德建设重要性的论述,不是局限于师德建设对学生和教学本身的影响作用,而是站在国家前途命运和民族未来的高度,站在确保党的事业后继有人和社会主义事业兴旺发达的高度,站在全面建设小康社会和实现中华民族伟大复兴的高度,来强调加强和改进师德建设的重要性,立意高远,值得人们深思。事实上,师德建设也是教育改革发展的内在需要,师德建设水平高低也是衡量人民群众对教育工作满意与否的一个重要标尺。

二、教师道德修养的目标

教师道德修养的目标,在不同历史时代和不同国家不尽相同。在同一个国家教育发展的不同阶段,师德修养的目标也会呈现出不同的阶段性特征,在具体目标上也会发生变化。在当代中国社会,教育发展进入新的历史阶段,确立师德修养的目标,可以选择两个视角来进行考察,即规范层面和社会满意度层面。规范层面对于师范大学的学生来说,主要考察中小学教师能否忠实践履《中小学教师职业道德规范》的要求;社会满意度层面主要考查学生、学生家长和社会大众对特定教师的品性和德行是否认可和满意。

(一)培育忠实践履《中小学教师职业道德规范》的教师

中小学教师究竟应当具备怎样的道德品性和德行?中小学教师到底应当具有怎样的道德形象?教育家们已经对此进行了充分的描述和刻画;不同时期的党和国家领导人对此也曾作过深刻的论述;工作在中小学教育教学第一线的广大教师也结合自己的工作实际提供了大量的典型经验和道德体悟。陶行知先生的名言"捧着一颗心来,不带半根草去",就刻画了一个无私奉献的教师形象。"春蚕到死丝方尽,蜡炬成灰泪始干"的著名诗句,也常常用来赞颂教师的奉献精神。胡锦涛同志在谈到优秀教师的奉献精神时说:"全国优秀教师是我国教师队伍的杰出代表。在你们身上,集中体现了人民教师胸怀祖国、热爱人民,学为人师、行为世范,默默耕耘、无私奉献的高尚精神。"①他还对广大教师提出了"爱岗敬业、关爱学生,刻苦钻研、严谨笃学,勇于创新、奋发进取,淡泊名利、志存高远"的道德规范要求。这些名言警句和经典论述实际上已经给我们刻画出了一个教师应有的道德品性和道德形象,指明了师德修养的目标和方向。

规范即标准,规范即目标。在现阶段,由教育部和中国教科文卫体工会全国委员会重新修订的《中小学教师职业道德规范(2008年修

---

① 胡锦涛.在全国优秀教师代表座谈会上的讲话(2007年8月31日)[N].人民日报,2007年9月1日.

订）》（下简称"规范"）就是中小学教师师德修养的"法"，也是中小学教师师德修养的具体标准和目标。认真学习和领会规范的精神实质和道德内涵，在实践中忠实践履规范的具体要求，是广大中小学教师进行师德修养，提升师德境界的基本途径。换句话说，我们进行师德修养的目标，就是要培育忠实践履"爱国守法、爱岗敬业、关爱学生、教书育人、为人师表、终身学习"等规范，具有高尚道德情操的优秀教师，在这些教师身上，要全面体现上述规范的基本要求。能够做到这六个方面的要求，就已经是一个具有较高师德修养的教师了，而做到这六个方面本身并不是一件轻而易举的事情。

首先，规范的六条基本内容，体现了教师职业特点对师德的本质要求。爱国守法是教师职业的基本要求，爱岗敬业是教师职业的本质要求，关爱学生是师德的灵魂，教书育人是教师的天职，为人师表是教师职业的内在要求，终身学习是教师专业发展不竭的动力。其中，爱和责任是贯穿规范基本内容的核心和灵魂。可见，规范的六条基本内容，每一条都紧扣教师职业的基本特点，反映了教师职业特点对师德的本质要求，因而能够成为中小学教师遵循的职业道德规范，成为中小学教师师德修养的目标。

其次，规范的六条基本内容，涵盖了教师职业活动的主要关系和方面。众所周知，道德的一个显著特征是规范性，道德要求本身就是调节一定社会关系的行为规范。毫无疑问，中小学教师职业道德规范也是用来调节中小学教师职业活动的各种关系。中小学教师职业活动所涉及的关系很多，基本的关系无非是教师与国家、教师与社会、教师与教育事业、教师与学生、教师与家长、教师与学校的关系，其中教师与学生的关系是最基本的、核心的关系。从规范的六条基本内容来看，"爱国守法"调节教师与国家、人民的关系，是教师作为公民的基本道德责任；"爱岗敬业"调节教师与教育事业、教师岗位、教学工作的关系，这一规范也是各行各业共有的道德要求；"关爱学生"调节教师与学生的关系，这是教师职业活动的核心关系，因而也成为师德的灵魂；"教书育人"调节教师与教育教学、教师与学生的关系，这一条最能体现教师职业的特点，也是教师职业与其他职业最鲜明的一个区别；"为人师表"是一个内涵极为丰富的规范,调节教师与集体、教师与同事、教师与家长、教师与社会的关系,同时也体现教师自身的道德要求;"终身学习"调节教师与专业、与社会进步的关系,是教师教书从业的基本保障。从这里可以看出,规范的六条基本内容涵盖了教师职业活动的主要关系和主要方面,调节这些关系的道德规范完全可以作为师德修养的目标。

最后,规范的六条基本内容,反映了经济、社会和教育发展对师德提出的新要求,具有与时俱进的品质。为了更为准确地把握规范的内涵和精神实质,有必要对规范的发展状况作一简要分析。《中小学教师职业道德规范(2008 年修订)》是在《中小学教师职业道德规范(1997 年修订)》的基础上进行完善的。新规范与原有规范相比,有很多改进和创新之处。首先,从规范条目上看,原有规范有八条规范,新规范为六条规范。新规范比原有规范更简洁,内容更集中,更具概括性。在新规范和原有规范中,只有"爱岗敬业"和"为人师表"是名称完全一致的规范,其他规范的名称表述均不一致。其次,新规范增加了一些新的道德要求,同时合并了一些道德规范。第一条规范"爱国守法"增加了"爱国"要求。原规范第三条"热爱学生"改为新规范第三条"关爱学生",并且增加了"保护学生安全"的条目。第四条规范"教书育人"在原规范中不是一个独立的条目,只是"爱岗敬业"规范中的一个条目,在新规范中变成了独立规范;不仅如此,"教书育人"规范中还增加了"不以分数作为评价学生的唯一标准"的条目。第五条规范"为人师表"在原规范中虽然是一个独立规范,但内容相对单薄,新规范的"为人师表"不仅合并了原规范中"团结协作""尊重家长""廉洁从教"三个规范,而且增加了"知荣明耻"的条目,还明确提出"自觉抵制有偿家教"的新要求。第六条规范"终身学习"是一个全新的要求,原规范中"严谨笃学"的内容并入"终身学习"规范中。可见,新规范根据经济、社会、科技和教育发展的客观要求,增添和补充了大量体现时代特征的新内容,为师德建设注入了全新的活力。按照新规范的要求进行师德培育和修养,不仅体现传统师德的魅力,而且体现时代趋势,反映时代潮流,对于推进师德建设和师德素养的提高具有重要指导价值。

(二)培育受学生爱戴、让人民满意的好教师

规范层面的考察为我们提供了一个评判师德修养目标的直观标准,可以帮助我们在标准的意义上把握师德修养的目标。但仅有规范层面的考察还是远远不够的,还需要从教育对象及其利益相关者满意度或社会满意度的层面对师德修养目标进行考察。这样的考察是一种追寻价值依据的考察,是对教师职业道德素养更深层次的拷问。

一个教师是否具有高尚的道德情操,是否履行了师德规范所规定的各项标准,评判者不应当是教师本人,而是作为受教育者的学生、学生家长以及社会大众。学生是否认同和爱戴教师,家长是否对教师的德行表示满意,一个教师在同事中间或周围群众中是否具有某种声望和影响,这些因素构成衡量师德修养是否有效的最重要、最有效的尺度。也就是说,受学生爱戴、让人民满意,是评判一个教师职业道德素养的根本标准,也是判定一个教师具有高尚师德的价值依据。胡锦涛同志在论及教师的师德修养时说:"广大教师要自觉坚持社会主义核心价值体系,带头实践社会主义荣辱观,不断加强师德修养,把个人理想、本职工作与祖国发展、人民幸福紧密联系在一起,树立高尚的道德情操和精神追求,甘为人梯,乐于奉献,静下心来教书,潜下心来育人,努力做受学生爱戴、让人民满意的教师。"[①]这里实际上已经阐明了评判师德修养水平的价值依据和标准。就像一部文学作品被人们广泛阅读,一个作家被读者倾心崇拜,一个演员被观众深深喜爱一样,学生的崇敬和爱戴是对一个教师的最高褒奖。一个具有人格魅力和学识魅力的老师会永远被学生记住,这种记忆往往能够经得起时间的长久考验。

什么样的教师会得到学生的爱戴?什么样的教师能让广大人民群众尊重和满意?严格说来,这不是一个理论思辨问题,而是一个实践问题。在中小学教师广阔的教育教学实践中,我们可以找到对此问题令人满意的答案。

在中小学校,我们看到那些充满人格魅力、诲人不倦、为人师表、

---

① 胡锦涛.在全国优秀教师代表座谈会上的讲话(2007年8月31日)[N].人民日报,2007年9月1日.

默默奉献的教师,是最能让学生和家长肃然起敬的。教师的高尚人格是他们深受学生爱戴的一个根本原因。中小学教师的工作是极其平凡的,尤其是那些在偏远山区学校工作的教师,他们的工作更是十分琐碎、枯燥。有的教师在山区学校一干就是一辈子;有的教师所在的学校仅有一名教师、几个学生,冷冷清清;在交通不便的山区,有的教师不仅教书,还要负责接送学生,陪学生翻山越岭、背学生过河已成为工作的一部分。正因为有千万个这样的教师,所以,"默默奉献"成了广大中小学教师在人们心目中的一个典型印象。无论条件怎样艰苦,老师们都能克服困难认真备课上课,保证教育质量。春来暑往,送走一批批老学生,迎来一批批新学生,为人师表,无怨无悔。正是这样的高尚情操和人格魅力使他们赢得了学生的爱戴和家长的认可。

教师的人格魅力和道德形象会感染学生、激励学生,同样,教师的学识魅力和教学水平也能深深吸引学生。在中小学校,学生最喜欢最崇拜那些富有智慧和学识魅力,课堂教学水平高,能帮助引导他们走向知识圣殿的教师。教师的天职是教书育人。教师的基本责任是向学生传播知识,帮助学生成长。为了完成这样的任务,教师不仅要有高尚的情操,也必须要有真本事——高超的教学艺术和教学能力。每个受过中小学教育的人都有这样的经验,在十几年的学习过程中对你影响最大的,往往是那些教学水平高、教学效果好的优秀教师。在每一个地方的中小学校,都有一批这样优秀的教师,他们是教师群体中的优秀代表。

关爱学生、视学生如子女的教师,也是深受学生爱戴、家长满意和群众崇敬的教师。教师职业所涉及的社会关系很多,教师和学生的关系是最基本、最主要的关系。教师职业道德要求内容广泛,爱与责任是其中的核心和灵魂。爱是一切教育的前提,没有爱就没有教育。中小学教师的教育对象都是未成年人,他们不仅需要接受教育,同时也需要关爱和保护。中小学教师的一个重要责任是关心爱护学生,对学生严慈相济,做学生的良师益友,在日常管理尤其是某些特殊情况下还要保护学生安全。

第三节　教师道德修养的原则

教师道德修养的原则是指教师进行职业道德修养的基本指导思想。这些原则确定师德修养过程中要处理的一些基本关系,划定相应的道德界线,揭示师德修养的层次与境界,提供师德素养评价的标准和尺度。认识和把握这些原则,对于有效进行师德修养具有重要指导意义。

一、尊重教师的道德主体性和创造性

从哲学高度审视,主体和主体性问题是典型的哲学问题。主体是与客体相对的一个范畴。客体是指主体所要认识和把握的外部客观世界,既包括客观的外部自然世界,也包括客观的社会历史发展过程。主体就是指作为社会活动的发动者和承担者的人。人作为社会活动的主体,其活动首先要受外部客观世界的制约,人只能在外部客观世界所确定的范围内活动,人不可能超越外部客观世界及其规律的限制。但同时,人在外部客观世界及其规律面前也不是完全被动和消极的,人的活动具有能动性、主动性和创造性等特征。人不仅可以认识和把握外部客观世界的本质和规律,而且可以利用对本质和规律的把握改造外部客观世界,使外部世界发生有目的的变化,以实现自身的目的,满足自身的需要。这种对外部世界的认识、把握和改造,就是人的主体性。可见,人的主体性实质上就是人的社会活动的主动性、能动性和创造性。按照这样的逻辑,作为道德主体的人也是有道德主体性的。人的道德主体性体现在:人不仅可以确定道德规则,进行道德选择、道德评价、道德教育和道德修养,而且可以开拓新的道德生活,进行新的道德探索,提升和创造新的道德境界。

在师德修养过程中,广大教师就是道德主体。作为道德主体,教师具有道德主体性和创造性。

第一,广大教师具有遵守师德规范的高度主动性和自觉性。教师是科学文化水平、道德素质和文明素养都比较高的群体,也是最能体现社会良心、维护自我形象和担当社会责任的群体。由于受教师职业的特殊性以及他们所具有的科学文化素质的影响,教师对职业道德规范的认同和遵守的程度一般是比较高的。教师的职业环境和工作方式也有其特殊性,每天要站在讲台上,面对渴求知识和充满期待的学生,绝大多数教师都会自觉地遵守职业道德规范,约束自己的行为,维护自身的道德形象。在中小学校,优秀教师更是职业道德规范的忠实履行者和模范实践者。教师对于职业道德规范的自觉遵守,是教师道德主体性的一个基本表现。

第二,广大教师是新道德生活的开拓者和创造者。教师不仅具有遵守职业道德规范的高度主动性和自觉性,而且他们还在不断追寻新的道德生活,攀登新的道德境界。无论是中国还是外国,在中小学教师队伍中都有一大批优秀的教师。对这些教师道德生活实践的考察使我们确信,在优秀教师身上有一些共性的优秀行为品质和道德元素。例如,高度的工作责任心、主动性和创造性,对教育事业的全身心投入和无私奉献,对知识的不懈追求和精益求精,不断更新教学观念和改进教学方法,对学生的倾心关爱、谆谆教诲,在平凡琐碎甚至有些枯燥的教学工作中追寻崇高的道德精神,等等。这些品质虽然与教师长期所受到的培养和教育有关,但不可否认的是,它们在很大程度上是教师们主动学习、主动创造、自我修养的结果。美国一位优秀教师在描述他们学校里最优秀教师的特征时说:"他们尽职尽责,生命不息,学习不止。他们不停地探索新思想,尝试新变革,寻找有助于鼓励、激发学生的新方法。优秀的教师不断通过学习、阅读和更新教案来实践自己的信条,始终保持对教师这一职业的热情和责任感。"①事实上,这些品质在中外优秀教师身上的表现是高度一致的。每一个优秀教师都是一座道德宝藏,在他们身上体现着许多优秀的道德品性。在优秀教师的责任心、主动性和创造性热情中,我们能感受到他们身上的道德激情和道德活力。优秀教师不是强制的结果,高尚的师德不是逼出来的,而是教师们自我发展、自我修养的结果。如果教师自身没有进行道德修养的积极

---

① [美]菲利普·比格勒,等.美国最优秀教师的自白[M].刘宏,译.北京:中国青年出版社,2008:17.

性和主动性,道德建设的效果将会大打折扣。

作为师德修养的原则,尊重教师的道德主体性和创造性,首先意味着要相信教师在道德上的自我发展能力,相信教师群体本身所蕴藏的巨大道德力量,尊重广大教师在道德实践中的主动精神和创造精神,保护他们进行道德创造的积极性。在这方面,单纯的说教和强制是苍白无力的。同时,社会和学校还要为广大教师在道德上的自我发展和自我修养创设良好的环境和平台,以此促进教师职业道德水平的提高。近些年来,我们在中小学教师队伍建设方面有一条基本经验,就是坚持以人为本:始终强调教育以育人为本,以学生为主体;办学以人才为本,以教师为主体;全心全意依靠教师队伍,聚精会神建设好教师队伍。这也理应成为中小学教师师德修养的一条原则。

二、把遵守法律法规与践履道德规范统一起来

提高教师的道德素养,不能仅仅局限在道德自身的范畴内,眼光和视野要放宽一些。要超越道德的视域,把遵守法律法规和践履道德规范统一起来。

之所以要把遵守法律法规与践履道德规范统一起来,主要基于法律和道德之间的密切关联性。众所周知,人类社会的治理需要规则调节,对规则的遵循形成一定的社会秩序。社会生活中的规则有很多种类,从而构成一个复杂的规则体系。其中,法律和道德是两种最重要的社会规则。法律和道德交互作用,共同调节着人们之间的社会关系,维系着社会生活秩序。从理论上分析,法律和道德之间有区别也有联系,有分工也有互补。

首先,法律和道德之间有明显的区别。从产生和制定方面看,法律是一种国家意志,是由专门的国家机构制定的;道德则不是由专门的国家机构制定的。从实施和执行方面看,法律以国家暴力为后盾,由特定的国家权力机构来保障;道德则主要依靠社会舆论和内心信念的方式作用于社会。再深入一些说,道德主要涉及"应然"和"应当"的生活领域。作为"应然"和"应当",道德带有明显的倡导性、劝导性特征。道德主要通过社会舆论、风尚习俗、内心信念等方式作用于人们的内心,

启发人们的道德自觉,从而达到精神教化和行为约束的效果。道德作用的方式明显不同于法律。

其次,法律和道德有密切的关联性。一方面,在同一个社会中,法律和主流道德往往指向共同的社会目标,二者在实施过程中也常常相互支撑。在一个良序社会里,法律规定与主流道德价值不能相互冲突,道德为法律的合理性、正当性提供根据,法律的实施为道德建设提供最后保障,二者是相辅相成的。另一方面,有些法律条文和道德规范还是相互重叠、彼此渗透的。例如,《中华人民共和国宪法》就明确将爱祖国、爱人民、爱劳动、爱科学、爱社会主义的"五爱"规定为全体公民的公德。《中华人民共和国教师法》也明确规定教师要遵守职业道德,为人师表,关心爱护全体学生,尊重学生人格,促进学生在品德、智力、体质等方面全面发展。而这些要求事实上都是标准的道德要求。同样,许多道德规范中不仅规定了"守法"的要求,而且有些道德规范也以类似于法律条文的禁行性规定表达出来。例如,《公民道德建设实施纲要》和《中小学教师职业道德规范(2008年修订)》就明确地把"爱国守法"作为首要的道德要求。再如,在《中小学教师职业道德规范(2008年修订)》中,前五条规范的最后一个规定都是禁行性的要求。例如,不得有违背党和国家方针政策的言行;不得敷衍塞责;不讽刺、挖苦、歧视学生,不体罚或变相体罚学生;不以分数作为评价学生的唯一标准;自觉抵制有偿家教,不利用职务之便谋取私利等,很好地体现了倡导性与禁行性的统一。这些禁行性规定体现教师职业道德的阶段性特征,针对当前师德建设中的共性问题和突出问题,具有较强的针对性和可操作性。

道德要求具有倡导性和劝导性的特征,但是,这绝不意味着道德要求是可有可无的。事实上,道德本身也带有某种强制性。除了前面所说的道德规范所包括的一些禁止性要求之外,还有一个重要事实是,道德责任和道德义务本身就带有一定的强制性,是一个人必须履行的责任。在道德生活中,不履行道德义务和道德责任,会受到社会舆论的谴责,也会受到内在良心的谴责。这种强制性往往是非常强大的。

在师德修养中,强调把遵守法律法规与践履道德规范统一起来,意味着中小学教师不仅要认真学习和实践《中小学教师职业道德规范（2008年修订）》的各项道德要求，做忠实履行道德规范的典范，而且要认真学习和遵守相关的法律法规，尤其是教育领域的法律法规，做遵守法律法规的公民。一个连法律法规都不能认真遵守的人，很难想象他能够成为遵守道德规范的典范。

三、把强化道德激励与保障教师权益结合起来

广大教师作为师德修养的主体，具有巨大的道德主体性、能动性和创造性，这是不争的事实。但是，在构成教师工作积极性、主动性的深层动力系统中，道德激励仅仅是一种动力，而不是全部动力。换言之，即使在教师这个科学文化素质、道德素质和文明素养比较高的群体中，道德激励也不是万能的，道德的作用也是有限度的。仅靠道德激励或道德约束还不足以规范教师的行为，真正调动广大教师的工作积极性和主动性。因此，对于广大普通教师来说，进行师德修养，要特别强调把明确道德责任、加强道德教育、强化道德约束与保障相关权益、提高物质待遇结合起来。实践反复证明，尊重教师劳动、保障教师权益、提高教师待遇、解决教师实际困难等，是保障师德修养有效性的一个重要条件。

为什么在进行师德修养的过程中要保障教师权益、提高教师待遇？这既是一个复杂的理论问题，也是一个具有挑战性的实践问题。从理论上说，这个问题已经触及深奥的哲学层面，触及哲学中关于人类及其本性的理性沉思。为了使复杂问题简单化，我们无须去讨论哲学家们就这个问题所提出的无数抽象命题，我们把问题仅仅限制在教师作为普通劳动者的特性上来讨论。教师所从事的职业无论怎样特殊，对教师群体的素质要求无论怎样高，无论我们给予教师多少神圣的头衔，都改变不了一个简单的事实：教师也是普通劳动者，教师职业也是个人谋生的一种手段和方式。既然是谋生手段和方式，那么，与其他普通劳动者一样，教师们在工作中也会看重物质待遇和经济收入，也会有追求个人生活幸福的强烈愿望。这些追求同样构成推动教师积极工作的深层动力。谁都不能否认，这是天经地义、顺理成章的事情。否则，

教师们就无法生存和生活下去,更谈不上去从事教书育人的神圣事业了。尤其是在改革开放和发展社会主义市场经济的历史背景下,这一点显得更为突出和现实。从这个意义上说,教师不是神仙圣人,不能把教师神化。要调动教师的工作积极性和主动性,就必须保障教师的权益,提高教师的待遇和社会地位;要吸引优秀人才和优秀青年从事教师工作,就必须给他们以充分的物质保障。加强教师队伍建设,强化师德修养,必须解决好这一问题。

关于保障教师权益、提高教师待遇的重要意义,我们还可以从另一个视角得到确证。多年来,我们始终强调要形成"尊师重教"的社会风尚,让教师成为社会上最受尊敬的职业。但实际情况却是,教师尤其是中小学教师并没有真正成为社会上最受尊敬的职业,也没有成为优秀人才和杰出青年竞相追逐的职业目标。毋庸讳言,根本原因还在于教师的经济待遇、社会地位有待进一步提高。我们常常看到,一个公务员岗位的招聘考试,经常会有成百上千的优秀青年报名竞逐,场面绝对堪称悲壮。反观教师职业,尽管我们一直在强调教师职业的光荣和神圣,尽管教师职业有各种各样的光荣称号和神圣头衔,尽管党和政府一直在努力改善教师的生活环境、提高教师的待遇,但教师职业仍然不是大多数青年职业选择的优先选项,更不是优秀人才和杰出青年竞相追逐的职业目标。两相对比,我们对保障教师权益、提高教师待遇在教师职业道德建设中的作用和意义会有更深刻的体悟。

学习与思考

1. 教师道德修养的特点有哪些?
2. 如何培育受学生爱戴、让人民满意的好教师?
3. 提高教师道德修养应遵循哪些原则?

第八章　教师优良道德品质的养成

人们自觉地把一定社会的道德原则和规范转化为自己的道德品质的过程，就是进行优良道德品质修养的过程。教师优良道德品质的养成需要自我锻炼、自我改造和自我提高，其中既包括按照一定的道德原则和规范所进行的反省活动，也包括通过这种反省活动所形成的道德情操和所实行的道德行为。具体地说，教师道德品质的养成不仅要锤炼道德品质，还需要保持心理健康，克服职业倦怠。健康的心理和积极的职业行为有益于优良道德品质的形成；反过来，优良的道德品质有利于促进人的心理健康，保持旺盛的工作热情。

第一节　锤炼道德品质

一、提高道德认知,陶冶道德情感

从知与行的关系来看，认识是行动的先导。荀子说："知明而行无过。"对于一名教师来说，提高职业道德认知是进行师德修养的起点和前提，是教师职业道德要求内化的首要环节。

(一)提高道德认知

提高教师职业道德认知，主要包括三个方面。首先，对教师职业道德价值的认识。提高教师职业道德修养的关键在于自觉性，对教师职业道德价值的认识是教师自觉加强师德修养的前提。一名教师只有深刻认识到自己所从事职业的重要性和特殊性，认识到提高师德修养对今后有序开展教育工作的意义和价值，才有可能将外在的教师道德要求变成自己内在的需要和自觉的道德行为。其次,对教师职业道德规范的认识。师德修养不是一个盲目、自发的过程,而是一个有目的、自觉的过程。作为一名教师,加强师德修养,首先要学习和理解教师职业道德的内涵和基本原则,熟悉和掌握教师职业道德的基本规范和范畴,全面了解学校和社会对教师的基本师德要求,这是师德认识的主要内容。最后,对教师职业道德的评价判断能力。提高教师职业道德认知,不仅要掌握职业道德的理论、规范和要求,懂得是非、美丑、善恶、荣辱,而且还要在实际教育活动中分清上述各种界限,提高教师职业道德的判断力。

道德评价判断是指运用已经掌握的道德规范和标准对自己和他人的行为进行道德分析、评价、判断的活动,是道德认知的具体化过程。教师职业道德评价判断的能力,是教师运用师德规范对自己和其他教师的行为进行善恶判断的能力。教师在职业道德评价判断的过程中,可以巩固和加深对职业道德的认识,促进道德信念的形成。提高教师对教师职业道德的评价判断能力,有利于教师在复杂多变的环境下作出符合师德规范要求的正确道德判断和行为选择,有利于增强教师道德自律和自我提高的意识与能力。

(二)陶冶道德情感

师德情感的陶冶是一个潜移默化的过程,教师要产生明显的情感体验,必须经过较长时间的努力。因此,师德情感的陶冶比师德认识的提高更为复杂,但也更加稳定。师德情感一旦形成之后,便成为推动教师献身教育事业的一股强大的动力,促使教师能够几十年如一日,教书育人,兢兢业业,诲人不倦。教师职业道德情感是教师积极工作、勇于开拓进取的内在动力,是教师培养优秀道德品质、保持高尚道德行为的重要精神动力。教师的道德情感培育主要包括以下四个方面:

第一,对教育事业的执著追求。教师应充分认识到自己所从事的职业是崇高而伟大的事业,它关系到人才的培养和国民素质的提高,更关系到一个民族的振兴和国家的富强。教师只有培养这种道德情感,才能把自己的命运与前途和国家教育事业紧密联系在一起,才能做到默默无闻、献身教育。一个不热爱教育,对教师职业不感兴趣的人,一旦从事教育工作,必将误人子弟。

第二,对学生的无限热爱。教师对学生的热爱和关心是教师对教育事业热爱和追求的具体体现,也是师德情感中最重要的内容。"热爱一个学生就等于塑造一个学生,而放弃一个学生无异于毁坏一个学生。爱是教育行为的内在动因,爱是教育人生的基础。对教育对象的理解、认识与爱是教师职业道德的核心之一。"①

教师热爱学生不是溺爱和迁就,而是要严格要求学生。俗话说:"严师出高徒","教不严,师之惰","严是爱,松是害",说的就是这个道理。教师对学生严格要求,也并不是一味斥责,而是要严而有格、严而有理、严而有情、严而有度,把热爱与严格要求结合起来,做到严慈相济。让学生在教师的真诚关爱中启迪心灵,在教师的严格要求中奋发成长。

教师热爱学生就要关心学生,既要关心一切学生,一视同仁,不偏爱,又要关心学生的一切,关心学生的德智体美,关心学生的生活。教师热爱学生就要尊重学生,尊重学生人格,严禁讥讽、挖苦、歧视、侮辱、体罚和变相体罚学生。

第三,对同事的尊重和友谊。教育是一项系统工程,是一种群体协调性很强的职业劳动,它需要教师与教师之间的共同合作,形成教育合力。因此,要办好一个学校,带好一个班级,都得由许多教师共同努力才能完成。如果教师之间人际关系紧张、对立,各自为政,各行其是,就会破坏教育工作的统一性,不能形成合力,教师的精力也会因处理人际关系而被无谓浪费。同时,也会影响教育教学质量。因此,处理好教师之间的人际关系十分重要。

团结协作是处理好同事之间关系的道德准则,是优化学校内部育人环境的关键因素。一所学校,教师之间彼此尊重,相互学习,相互鼓励,团结协作,就会对优良校风、学风的形成起到"润物细无声"的效果,使学生终生获益。团结协作的具体内涵是谦虚谨慎、尊重同事、相

---

① 唐凯麟,刘铁芳.教师成长与师德修养[M].北京:教育科学出版社,2007:68.

互学习、互相帮助,维护其他教师在学生中的威信,关心集体,维护学校荣誉,共创文明校风。

第四,自尊感、责任感、荣誉感。教师的自尊感是一种由自我评价所引起的情绪体验,是教师渴望自己的劳动得到社会的承认和尊重,表现为自重、自爱、自立、自信、自强、自主等多方面。自尊即要维护教师声誉,保持良好的道德形象,自觉按照教师职业道德规范要求自己,不做任何有损教师形象的事。

教师的责任感是教师对学生、社会、他人应承担的义务和应履行的职责的内心体验。教师的责任感主要表现在自觉对学生、家长、学校、社会负责。责任感是一种高尚的职业情感,是做好教育工作的巨大动力。这种情感可使教师凭自己的责任心,自觉地去履行教书育人的职责。

荣誉是教师在履行自己的职责,对社会作出贡献后得到的评价。意识到自己的社会价值并感到由衷的愉快,这就是荣誉感。教师的荣誉感就像推进器,促使教师认真履行职业道德的义务,发扬拼搏精神,为培养合格的新人贡献出自己的一切。培育荣誉感,一要消除虚荣心,二要正确处理义务和荣誉的关系,三要正确处理好集体荣誉和个人荣誉的关系,四要正确对待他人的荣誉。

二、坚定道德信念,磨练道德意志

(一)坚定道德信念

教师职业道德信念是教师对职业理想、职业人格、职业原则、职业规范坚定不移的信仰,是深刻的师德认识、炽热的师德情感和顽强的师德意志的统一,是把师德认识转变为师德行为的中间媒介和内驱力。教师职业道德信念决定着教师行为的方向性、目的性,也影响着师德水平和师德内化的程度,具有稳定性、持久性和一贯性特点。

作为一名教师,只有认识、体验到自己所从事的工作的重要和高尚,意识到自己肩上担负着祖国和民族的未来,从而树立献身教育事业的坚定信念,才能做到言行一致,不论遇到多么大的困难,都能处处为教育事业着想,呕心沥血,矢志不渝,为培养社会主义事业的建设者和接班人而默默地奉献自己的一生。

(二)磨练道德意志

教师所从事的是培养人的事业,是一项极为光荣而艰巨的事业。在这个过程中,教师不仅要付出辛勤的劳动,甚至有时还要作出某些牺牲,而且会遇到来自外界的各种阻力和障碍,如现实条件的制约、错误舆论的非难、亲朋好友的埋怨等。这就需要教师要有顽强的毅力和坚持不懈的精神,以及不断履行师德的顽强意志。

教师职业道德意志主要表现在道德行为的自觉性、坚毅性、果断性和自制性。

自觉性是指对行为目的有明确而深刻的认识,并使个人的行为完全符合正确目的的意志品质。它要求教师对自己从事的事业有明确而深刻的认识和坚定的信念,积极自觉地献身教育事业。教师在行为上如果偏离了教育目的,就要及时自觉调整;如果出现外界干扰,无论干扰来自何方或力量有多大,教师都必须有能力抵制和加以排除。

坚毅性就是行动中坚持目标、克服困难的品质。教师面对复杂的教育环境,经常会遇到意想不到的困难和干扰,必须以超常的勇气和毅力去克服一切阻力,实现教育目的。

果断性是指在紧急情况下,教师内心经过复杂、剧烈的思想斗争,当即作出适当的道德决定,取得理想效果的意志品质。教育活动的特点要求教师必须具备随机决断的能力,即面对突发事件能果断决策,它是教师发挥高度创造性的表现。但果断不是武断和轻率,果断是建立在正确认识的基础上的判断,它要求教师全面考虑活动的目的和条件,能预知行动的后果,并有承担风险和责任的心理准备。

自制性就是善于掌握和支配自己言行的意志品质。坚定的自制力是教师对职业道德需要、动机、情感、行动的控制和调节能力。当客观现实诱发不利于实现教育目的的冲动情绪时,教师要能控制自己的情绪,冷静地把握自己的言行。现实生活中,总有一些教师面对"恨铁不成钢"的学生时,会爆发出一种不能控制的激动情绪,出现打骂、讥讽学生的现象,给学生造成心理伤害。教师自制力越强,其行为越富有理性,才能做到不因失败而精神萎靡,不因教育行为受阻而悲观失望。教师在任何情况下都应理智地控制自己的情绪,把握自己的言行。

三、规范道德行为,养成道德习惯

教师职业道德行为和习惯是指教师在职业道德认知、情感、信念的支配下,在教育活动中对他人、集体、社会作出的反应以及所采取的实际行动,即在职业道德意识支配下表现出来的有利或有害于教育事业及他人、集体和社会方面的行为。

教师职业道德行为和习惯属于道德品质的外部状态,它是教师个体道德品质的具体表现。在师德品质的构成要素中,师德认识、师德情感、师德意志、师德信念均属道德意识范畴,它们的作用在于指导和影响师德行为的抉择。但是教师职业道德修养如果仅仅停留在师德意识的修养上,不用实际行动去履行道德义务,这种师德修养就不是知行统一的职业道德修养。职业道德行为和习惯的养成是职业道德品质形成的关键。教师只有在实践中践行道德原则和规范,并且始终坚持下去,经过长期的锤炼,使其成为个人良好的行为习惯,道德品质才算达到了比较完善的程度。

教师良好的职业道德行为和习惯对学生起到表率作用,尤其是对在校学生来说,他们短于分析判断,长于模仿,教师的表率作用更为重要。身教重于言教,无声的"身教"犹如绵绵春雨,能起到"润物细无声"的教育效果。

第二节　保持心理健康

教师道德品质的形成要经历道德认知、道德情感、道德信念、道德意志、道德行为和习惯的完整过程。在这个过程中,教师心理健康水平是一个极其重要的影响因素。

教育部《中小学心理健康教育指导纲要》指出:"要重视教师心理健康教育工作。各级教育行政部门要把教师心理健康教育作为教师职业道德教育的一个方面,为教师学习心理健康教育知识提供必要的条件。要关心教师的工作、学习和生活,从实际出发,采取切实可行的措施,减轻教师的精神紧张和心理压力,使他们学会心理调适,增强应对能力,有效地提高心理健康水平。"由此可见,国家已把教师心理健康教育作为教师职业道德教育的一个方面。因此,教师优良道德品质的养成离不开健康的心理素质,教师的健康心理是师德修养的内在基础。

一、教师心理健康的标准

教师的心理健康应当符合一般人心理健康的标准,又体现教师职业的特殊要求。具体地说,一个心理健康的教师应该具备以下主要特点:

第一,有准确的教师角色认知。教师的角色是一个大的概念,不同的岗位教师的角色还是有具体差异的。根据我国教育体系,教师队伍包括幼儿园教师、小学教师、中学教师、大学教师。在不同的集体中又有不同年级的教师角色差异。由于教育对象的不同,每一个教师都必须对自己的角色有准确的把握,才能做好自己的工作。比如幼儿园教师和大学教师,他们的教育对象差异悬殊。幼儿教师在面对自己的教育对象时,更多地要像家长一样,说话做事都要注意保护幼儿的心灵。而大学教师面对的是成年的大学生,思想的交流是大学生成长过程中的最大需要,大学教师的角色就更多地表现为引导者和知心朋友。

第二,富有爱心、耐心。与其他职业不同,爱心、耐心是教师职业工作中应该具备的心理品质。无论是幼儿园的幼儿还是大学里的学生,总会有这样那样的问题和不足,甚至会犯严重的错误,让教师很恼火,这就需要教师付出温暖的爱心抚慰学生,极大的耐心开导学生,站在学生的角度去理解学生,只有这样才能引导学生健康成长。而对于教师来说,如果没有这些具有强烈的职业特征的心理品质,就很难接受学生的各种缺点和不足,必将影响自己的职业活动。

第三,保持开朗、乐观、积极向上的情绪。对于一个普通人来说,开朗、乐观、积极向上的情绪是健康心理的表现,这一点是毋庸置疑的,但是对于一个教师来说却不容易做到。一方面,因为教师职业的各种实际情况会影响教师的从业状态,反映到心理上,难免表现出沉默寡言、消极悲观的情绪。另一方面,由于对职业的负责,教师常常因为学生成长过程中的表现而影响自己的情绪。看到学生进步了,高兴之情溢于言表;看到学生退步了,焦虑之情难以言说。因此,一个教师如果想要拥有健康的情绪,经常保持开朗、乐观、积极向上的情绪,需要通过一定的修养才可能做到。比如正确地看待个人得失,客观地评价学生的成长等。

第四,建立良好的人际关系。良好的人际关系是健康心理的表现,因为人总是生活在社会群体之中的。良好的人际关系可以为人们的生活、工作营造良好的环境。对于教师个人来说,良好的人际关系既是心理健康的表现,也是职业要求。没有一个学生的成长和成才不是教师集体共同努力的结果。没有一个教师可以大胆地说,某个学生的成长成才只是他个人的成果。每一个优秀学生对于曾经教育过他的老师来说都是值得骄傲的资本。

二、教师心理健康问题的表现

教师是一个专门与人打交道的职业,但又具有自身的特殊性。教师的教学工作都是在教育对象严格"监督"之下开展的,不允许马虎和出错,这种要求易造成教师的紧张和压力。几乎没有一个教师在初次走上讲台时是不紧张的。教师与学生的打交道又不同于一般的人际交往,他的言行举止有意无意地带有教育和引导的价值,这种要求又给教师以无形的压力。所以,一些青年教师往往会自觉或不自觉地端起"教师的架子",其实是压力使然。因此,教师相比于其他社会职业更容易出现心理健康问题,主要表现为以下四个方面:

第一,无法适应工作岗位。特别是在青年教师中,相当一部分人由于缺乏工作经验,对教师角色、学校人际关系、工作方式、生活环境等方面存在诸多不适应,从而产生压抑、偏激或悲观失望等不良情绪。

第二,人际关系紧张。一些教师不善于处理复杂的人际关系。不能与学生、同事、领导融洽相处,不是与同行发生纷争,就是与学生产生对立,或者与领导发生冲突,久而久之形成孤独、无助、郁闷、焦虑、自卑等不良心态。

第三,情绪不稳定。由于种种主客观原因,一些教师常处于情绪低落、心境不佳的状态,不能调节和控制自己的不良情绪,甚至恣意发泄,借题发挥,造成人际环境恶化。这种人际关系的恶化反过来又刺激不良情绪的滋生与蔓延,使教师长期处于紧张、焦虑的状态。

第四,心理失衡。一些教师在工作、学习、生活中不能处理好理想和现实的矛盾,遇到挫折易产生强烈的心理失衡,并诱发嫉妒、自卑、妄想、愤懑、抑郁等不良情绪。

三、教师产生心理健康问题的主要原因

影响教师心理健康的因素是多方面的。综合起来,导致教师心理健康问题的因素主要有如下几个方面:

(一)受教师职业的影响

首先,教师职业具有特殊性。主要表现在教育对象的复杂性,要求教师有多维度的心理取向;教育工作的示范性,要求教师加强自我形象的塑造;教育内容的广泛性,要求教师不断完善自己的认知结构;教育任务的复杂性,要求教师有较强的心理调节与适应能力。因此,做一个合格、称职的教师难度大、要求高,生怕背上"误人子弟"的罪名,无形之中就增加了教师的心理负担与压力。

其次,社会和家长对教师的期望值高。家长望子成龙、望女成凤,社会和家长对教师的期望值日益增高,但对教师工作的理解程度并不高。学生成绩不理想、厌学以及出现不良行为,往往都认为与老师有关。这些状况容易引发教师的不良情绪,形成不良心态。此外,心理学家认为,从许多方面来看,教师是一个相当孤独的职业,整天与学生在一起,与其他成年人相对隔离,在日复一日、年复一年的教学过程中更多的是独自面对自己的问题。这种职业特点本身有可能诱发教师的心理健康问题。

最后,教师需要扮演多重角色。教师是知识的传授者、学生活动的管理者,对学生负有教育管理的责任;教师是学生父母的代理人,在一

定时间内要照料学生；教师是学生的朋友，是学生的心理治疗者，需要与学生平等地交流思想和感情；教师除了需要与其他教师、学生家长、学校领导打交道外，还要在家庭中充当各种角色：为人父，为人母，为人子，为人女，会遇到各种家庭问题。多方位的角色转换容易造成教师的心理矛盾和冲突，造成教师的心理健康问题。

（二）工作繁重，压力过大

教师不仅是太阳底下最光辉的职业，也是压力较大的职业。许多关于教师心理的研究说明，教师的心理健康状况与心理压力关系密切。

教师工作繁重有其特殊的背景，我国是穷国办大教育，虽然"科教兴国"已成为强国战略，但教育优先发展的战略地位尚未得到完全落实。教师面临的工作环境与生活环境较艰苦。现在多数学校仍按"升学率""优生率"来考核教师，并以此决定教师的评优晋级和奖金发放。

与其他职业相比较，教师的工作不能简单地用八小时来衡量。教师每天的工作很繁重，除了上课以外，还包括备课、批改作业、个别辅导、家访，处理各种学生问题，还有各种教研会、行政会等，教师真正留给自己的时间是很少的。许多教师常常是夜以继日地完成备课及科研工作。即使有令人羡慕的寒暑假，也是有大量的工作需要补充或提前做。

随着知识经济和信息社会对学校教育要求的日益提高，教育改革不断深化发展，教师的工作压力日渐明显。一方面，积淀下来的教育教学弊端难以改变，造成了教师的困惑，压抑了教师的个性发展；另一方面，实施素质教育对教师素质的要求愈来愈高，而不少教师由于教学技能的欠缺和素质发展的滞后，一时难以适应，因而心理的焦虑、困惑日渐增多。

（三）教师自我心理调控能力有待提高

一些教师缺乏心理学知识和自我心理调节能力，心理问题得不到及时排解，不良情绪长期得不到释放，导致不良情绪突破心理承受的极限，往往会引发心理疾病。这说明教师的自我心理调控能力有待进一步提高。

随着我国现代化进程的加快,心理健康教育引起了全社会的关注。高校一般都设有心理健康课程,中小学一般也有心理辅导教师。但是客观地说,由于我国在心理健康教育和研究方面比较滞后,人们对心理问题的认识往往只是从生活经验角度去判断,只要觉得自己与别人没有什么不同,精神正常,就觉得这是正常的,其时一般的心理疾患常常不引人注意。在我国,人们对心理问题讳莫如深。即使是到心理健康中心去做一般的咨询,也往往担心被别人说成精神有问题。

因此,作为未来教师的师范大学生,更应该有一种使命和责任,从自己做起,重视心理健康知识的积累,提高对心理健康的认识,加强自我心理调控能力的训练。

四、教师心理健康的维护与保持

教师的心理健康受复杂的因素影响,但一个优秀的教师绝不应让自己一直处于压力之中以至于身心俱损,影响工作和生活。教师的心理健康问题,除教育行政部门、学校领导及社会有关方面应高度重视外,教师本身也应重视心理健康的自我维护与保持,并在以下几个方面作出努力。

(一)树立正确的教育观和价值观

教师要保持自身心理健康,就要正视自己所处的客观环境和周围现实,树立正确的职业观和教育观、科学的人生观和价值观,树立崇高的职业理想,淡泊名利,用乐观进取的人生态度看待生活。在教师生涯中,处理好个人与社会现实之间的关系,正确对待人生道路上的矛盾冲突,正确对待教学实践中的成功与不足。走出"自我"的封闭圈,通过劳动创造为社会和他人作出贡献,努力把自我价值实现的过程与社会价值实现的过程统一起来,在积极为社会和他人作贡献中实现自我价值,更好地迎接未来社会的挑战。

155

（二）形成正确的自我认知

自我意识是指人对自己和周围关系的一种认识,是影响心理健康的重要心理因素。人对自我的认知能自觉地调节心理需求和相应的行为。符合客观实际的自我意识,有利于个体心理保持正常状态,增进心理健康;反之,则会引起心理和行为失常。

教师要维护自身的心理健康,必须实事求是地正确认识自我,客观评价自我,承认、接受现实的自我,不宜自我期望值过大,过于追求"完美"。教师要根据社会和时代的需要,塑造出理想的自我,完善个性,有效地控制自我的心理和行为,排除内心干扰,自觉接受社会道德的约束。

（三）提高交往能力,改进人际关系

人不可能离开社会、离开人群而独立生存。与人交往是个体社会化的必经之路,人际交往具有情绪感染、满足精神需要、维护心理健康等功能。

教师应主动搞好和学生、同事、领导、家长的正常人际关系,消除隔阂,相互理解,缩短彼此间的心理距离。在人际交往中,要注意交往风度,光明磊落,严于律己,宽以待人,坦诚相见。尊重、关心他人,乐于助人。善于沟通感情,交流信息,采取宽容的态度去对待别人,多看别人的长处,求大同存小异,将自己和谐地融于学生之中、融于教师群体之中、融于社会之中,保持健康的心理。

（四）调控情绪,保持心理平衡

教师要维护自身的心理健康,就要陶冶情操、锻炼意志,主动自觉地调控情绪。教师应学会运用积极的心理防御机制与科学的调适方法,逐步做到从容地应对生活中的各种不良刺激,以预防心理障碍乃至心理疾病的产生。要善用理智控制法、合理宣泄法、注意转移法、艺术升华法、自我暗示法、自我安慰法等方法,调控不良情绪;保持幽默,笑口常开,常以欢乐促健康,正确对待并战胜挫折,认真、冷静、客观地分析产生挫折的主客观原因,采用积极的心理调控方法,减轻挫折感,尽快摆脱不良情绪,化消极因素为积极因素,保持心理健康。

（五）科学用脑,强身健体

教师要维护自身的心理健康必须科学用脑,自觉讲究用脑卫生和用脑艺术,有效地挖掘自己的智能潜力。特别要注意用脑不要过度,工作一定时间后要有短暂的休息,动静结合、劳逸相间,让大脑的工作、休息符合生理规律。此外,应避免过分单调用脑,在学习、工作时采取"转换法",变换学习或工作内容,让大脑细胞在工作进程中"轮休"。

教师应养成锻炼身体的习惯,增强体质,"每天锻炼一小时,幸福生活一辈子",为心理健康提供身体条件。妥善安排生活,合理支配时间,讲究工作方法,选择最佳工作心境,使工作、学习、生活紧张而有秩序,规律而有节奏。

第三节 克服职业倦怠

许多教师在从业多年以后有这样的感觉:从教之初的豪情壮志逐渐消失了,安于现状、平淡无为、得过且过的想法增多了,甚至有的教师出现了放弃教师职业的消极想法。这就是出现职业倦怠的症状表现。预防和抵制职业倦怠的产生,对于教师养成优良的道德品质具有重要作用。

1974年,美国临床心理学家费登伯格首次将"职业倦怠"一词引入心理学领域。所谓职业倦怠,一般是指"失败、筋疲力尽或因过度消耗精力、资源而变得枯竭",是一种压力长期积累而造成的更严重的紧张状态。教师职业倦怠是指,由于教师长期工作在压力之下,由于工作中持续的疲劳及与他人相处中的各种矛盾、冲突而引起的挫折感加剧,最终导致的一种筋疲力尽、麻木不仁的高度精神疲劳和紧张状态。

一、教师职业倦怠的表现

身心疲惫。疲劳是职业倦怠的典型症状。职业倦怠的教师由于长期处于疲劳状态而得不到恢复,常会表现出身体能量被过度耗尽。职业倦怠症并非仅仅因身体劳累所致,关键是心理的疲乏。一个人长期从事某种职业,在日复一日、年复一年的机械重复工作中,渐渐会产生一种疲惫困乏乃至厌倦的心理,总是难以提起兴致,打不起精神,只是依靠一种行为"惯性"来工作,毫无主动性、创造性可言。这就是职业倦怠的典型表现。

认知枯竭。有些教师空虚感明显,感到自己的知识无法满足工作需要,尤其是难以胜任一些变化性的工作。不能适应知识的更新和不断变化的教学实际,怀疑自己,感到无能和失败,产生自我谴责。一旦自责成为一种习惯,也就说明倦怠的程度较重了。

情绪消极。有些教师会感到情感资源被极度地耗尽,已经干涸,工作满意度低,对工作的热忱与奉献减少,对学生缺乏耐心和支持,不能忍受学生在教室里的捣乱行为,甚至表现出焦虑、压抑、苦闷、厌倦、怨恨、冷漠等消极情绪。消极情绪一旦形成而不能排解,便会对工作失去热情。

成就感降低。有些教师的价值观和信念会发生变化,个人成就感降低,自我评价和自我认可度降低,认为工作是一项枯燥乏味、机械重复的繁琐事务,工作信心不足,因而无心投入。

二、教师职业倦怠的危害

教师职业倦怠无论对教师个体,还是学校教学工作,以及社会各方面都将带来极消极的影响,教师个体、教育事业、整个社会都将因此付出相当大的代价。

对教师自身的影响。职业倦怠不仅会导致教师产生各种生理疾病,影响教师的心理健康,而且不利于教师在职业生涯方面的发展,甚至严重影响教师的生活质量。

对学生和教学工作的影响。教师职业倦怠会导致教学质量下降,教师对学生缺乏热情,工作投入和参与变少,对学生没有耐心,课堂准备不充分,创造性低。教师的职业倦怠还会导致教师对工作的信心和热情减少,师资流失现象日益严重。

对社会方面的影响。教师职业倦怠使教师与学生、教师与教师、教师和领导、教师和家长之间的人际关系受损,不利于人才的培养。

三、教师职业倦怠产生的原因

造成教师职业倦怠的原因有客观、主观两个方面。客观原因主要涉及职业、社会、学校和学生四个方面,主观原因主要指教师的个人因素。

第一,职业因素。工作时间长,职业压力大。教师工作的时间应该遵循正常的劳动制度,但是在实际的工作中,中小学教师的工作时间远远超过了法律规定的劳动时间。很多教师工作一天下来都会有疲劳感,如果经过休息有所恢复属于正常现象。但是,有的教师若长期处于疲劳状态而得不到恢复,就会处于身心疲惫状态。

教师较其他行业来说是一个复杂、压力较大的职业,虽然面对的学生不同,但是教学内容却不会有大的变化,因此,教学工作内容具有重复性。教师如何在既有知识的基础上创造性地进行教学,是需要创造性思维的,这需要花费大量的时间和精力。在长期的教学过程中,教师如果没有创新,很容易让学生感到枯燥乏味,自己也缺乏成就感。这种体验容易导致教师的职业倦怠。

工作评价的单一性与工作对象的高度差异性之间存在矛盾。教师的工作对象是成长中的个体,看上去他们年龄相当、身心发展相似,但实际上学生的心智发展水平、兴趣和个性特点差异很大。在仅用考试成绩这个唯一受社会认同的指标来评价教师工作的情况下,教师注定要付出更多的时间和精力用于教育和教学,以致造成时间、体力和精力的透支。而且,学生作为具有独立思想和人格的个体,始终处于发展变化的过程中,即便教师能够付出巨大的劳动因材施教,学生在兴趣、态度、价值观等方面的改变也是缓慢的和难以准确评价的。有些时候,学生所发生的改变与教师所付出的努力也并不一定成正比。教育教学效果的不确定性,使教师的付出和回报之间产生了明显的不平衡,因此职业倦怠进一步加强。

期望与现实存在差距。教育教学工作是一个长期的过程,取得的成果也需要一定的时间才能显现出来,而且教学过程是教师与学生共同来完成的过程,所以,这些因素导致教师的成功具有不可确定性,职业成就感不像其他职业那么明显。因此,会造成理想与现实的冲突,期望与现实的差距。

第二,社会因素。家长过高的期望给教师的教育教学工作带来了巨大的压力。家长面对独生子女有望子成龙、望女成凤的愿望是可以理解的,但许多家长常常忙于工作或生意,在子女教育问题上往往是疏于管理和沟通,或是"棍棒教育"。一旦子女出现成绩不佳或有其他不良行为时,大多怪罪于教师的教育不当。可见,家长过高的期望难免给教师的教育教学工作带来巨大的压力。

价值观念多元化的影响。改革开放30多年来的社会巨变,使价值观念多元化,给人以更多的自由去选择自己的人生。于是,在选择中伴随着各种各样的焦虑与痛苦,加上现实生活条件的不理想,使教师心理波动较大,易出现职业倦怠。

第三,学校因素。教育实践表明,学校中缺乏一种良好的组织氛围与教师的职业倦怠有着重要的关系。学校的少数管理人员把自己的职务当官做,对教师缺乏同情心,做事官僚,在处理有关教师的考评、职称评定等事务的过程中缺乏公开、公平、公正。近年来,学校越来越细化的各种成绩排名,对教师教学过度的监控等,增加了教师的心理压力。另外,居高不下的班级人数、紧张的工作状态等,都可能会导致教师失去对学校的归属感,渐渐出现职业倦怠。

第四,学生因素。学生是导致教师产生职业倦怠的原因之一。现在的在校学生大都是独生子女,九零后的青少年脆弱、敏感,逆反心理严重,近几年单亲家庭子女增多对教育也提出了新的挑战。学生学习动力不足、厌学使得教师常常感觉到压力大。

第五,个人因素。教师个体的认识偏差与个体的人格特征也是导致职业倦怠的因素。同样环境下同样工作量的两位教师,一位兴致勃勃,而另一位却可能精疲力竭,原因即在于此。研究表明,某些不良的人格特征,如不现实的理想和期望、自信心降低、对自己的优缺点缺乏准确认识和客观评价等都很容易使人产生职业倦怠。相反,那些富有理想、热情洋溢并执著地为实现理想而努力工作的教师,却不易产生职业倦怠。

四、教师职业倦怠的控制和缓解

教师职业倦怠不仅仅是一种状态,也是一种长期累积与发展的过程。要有效地控制和缓解教师的职业倦怠,就需要从个体、学校、社会等各方面采取措施。概括地说,主要有以下三个方面:

第一,教师自身的努力。解决职业倦怠离不开个体的努力,教师应对职业倦怠持积极的态度,以便及早解决问题。职业倦怠并不是一生中只发生一次的现象,它可能一次又一次地潜入我们的生活。我们应该识别职业倦怠的症状,并在危害产生之前进行调整,以便恢复平衡。

首先,坚定教师职业道德信念和理想是克服职业倦怠的最好良方。坚定正确的教育观念和积极的理想信念,培养教师对学生无私、理智的爱与宽容精神,对预防教师职业倦怠是至关重要的。其次,反思是一个预防教师职业倦怠的有效方法。反思指通过对教学经验的总结来提高教学能力,调整自己的情绪和教学行为,从而促进教师心理健康。这种反思不仅仅指简单的反省,还指一种思考教育问题的方式。反思包括每天记录自己在教学工作中获得的经验、心得,并与指导教师共同分析;与同事相互观摩彼此的课堂教学,随后与对方交换看法;对教学中遇到的问题进行调查研究等。

培养良好的个性。提高自我调节能力,以积极的态度和科学的策略应对可能遇到的压力。教师经历的职业压力是产生倦怠的重要前提条件,因此,教师要时刻关注自己所面临的压力,在遇到压力时要尽快进行调整。教学工作具有复杂而多变的性质,这就需要教师具备良好的应变能力。一般来说,如果采用积极的应对方式就会心情舒畅、乐观主动,如寻求积极的解决问题的方法、请求别人的帮助等。

教师要学会正确认识和评价自己,明白自己也是一个平凡的人,会有七情六欲、喜怒哀乐;了解自己的优、缺点,做一个真实的人;正确评价自己的能力和教育教学效果,从而积极对待理想与现实的差距,积极对待自己的工作付出与回报之间的关系,最大限度地减少不适应心理。

学会疏导情绪。教师面对压力和挫折的不良情绪主要表现为激动、愤怒、压抑、苦闷等,不良情绪会影响到教师的正常表现,影响人际关系和身体健康,甚至会引发教师产生职业倦怠。因此,教师要学会在产生不良情绪时,采取有效手段进行缓解。如合理宣泄不良情绪,用转移法、幽默法等进行情绪疏导。

培养健康的生活方式。实践表明,广泛的兴趣爱好、适当的锻炼、合理的饮食和休息等都能减轻压力,提高生活和工作的质量,从而有效预防和缓解职业倦怠。

第二,学校的支持。教师的职业倦怠是在学校的管理和组织环境下形成的,因此,改善学校的管理和组织环境就成为解决教师职业倦怠问题的重要内容。

改进学校的管理。一要赋予教师更多的权利。现代社会倡导以人为本的理念,学校在教育教学管理过程中应充分体现以教师为本的思想,这将有助于激发教师的工作热情与动力,从而使教师具有更强的责任感与归属感,有助于减少教师职业倦怠的产生。二要制定合理的教师评价制度。合理的教师评价制度不仅仅是对教师成绩的肯定,对教师劳动的尊重,关键是在很大程度上提高了教师的工作积极性,使整个学校呈现出后进赶先进的良好局面。而不合理的教师评价制度,则可能打击教师的工作积极性,从工作中体验不到成就感的教师很容易产生职业倦怠。因此,校方应多了解教师对其评价制度的意见和建议,尽可能地制定出适合本校发展的教师评价制度,从而保护和提高教师工作的积极性,以减少教师职业倦怠的产生。

营造良好的组织氛围。一是安排合适的工作量,严格作息制度。教师的职业倦怠与工作压力有直接的关系,因此,校方在教师工作量的安排上,既要考虑专业对口、教师的适应能力,又要考虑量的适度。二是经常倾听教师的意见和建议。学校各级管理人员应经常性地深入教师中去,与教师近距离接触,了解教师的意见和建议,并提出切实可行的整改措施,以更大程度满足教师的需要,这种做法不仅可以提高学校管理的有效性,而且会使教师深感被尊重。三是开展校内教育教学研讨活动,解决教师工作上的困惑。面对新课改如何加强素质教育和创新教学,面对学生中出现厌学等一些不良行为如何进行教育等,学校应经常性地组织开展校内研讨活动,促进教师相互探讨、相互交流、相互学习,提高教师解决困惑的能力。来自同事的工作支持以及情感支持能够提高教师成就感,降低压力感和倦怠感。四是开展各种文体活动帮助教师释放压力。学校在制订学期工作计划时应考虑安排教师的文体活动。教师参加文体活动,既能强身健体,又增加了同事之间交流的机会,丰富了课余生活,还可以释放工作上的压力,减少倦怠感。

提高教师的师德水平,促进教师的专业成长。心理问题与人的理想、道德修养有很大关系。一个教师道德高尚,在工作中有理想、有向往、有追求,就会有明确的奋斗目标,事业心、责任心就很强,工作的动力就很大,这样的教师在工作中就会情绪饱满、乐观,就不容易感染不良情绪;反之,一个教师道德水平不高,在工作中没有理想、向往和追求,没有明确的奋斗目标,工作的动力就小,就容易产生不良情绪。因此,提高教师的师德水平可以有效避免教师职业倦怠的产生。

提高教师的成就感有利于防止职业倦怠,而教师的成就感与教师的专业能力是分不开的。作为教师必须具有一定的专业素质、专业能力和专业知识,但仅仅停留在现有的能力和水平上是不够的,教师的专业素质需要不断提高,专业能力需要不断提升,专业知识需要不断积累。学校应开展系列培训和实践活动,鼓励教师参加继续教育和各种在职进修活动,帮助教师正确进行教师职业生涯规划,从而促进教师专业水平的不断提高和专业技能的不断提升。

第三,社会的支持。教师职业被人们赋予很高的社会期望,教师承担着培养未来接班人的重任。担当如此重要的任务,责任感、使命感、义务感便油然而生。这一方面是动力,另一方面也是压力。要使这种压力保持在适当的水平,从而缓解高压力带来的职业倦怠,社会的支持非常重要。

要形成尊师重教的社会氛围。一方面,学生家长要尊重教师的劳动,对教师寄予合理的期望,在教育子女方面,要配合学校的教育,承担起应有的家庭教育责任。另一方面,国家和政府要把提高教师的社会地位落到实处。这些都有助于降低工作压力,减少职业倦怠。

　　高质量的培训是缓解教师职业倦怠的重要途径。一方面,教育行政主管部门在组织新教师职前培训时,应重视培养新教师对教师职业特性的认识,同时,还应把处理压力和职业倦怠的策略和技巧教给教师,使他们对未来可能面临的压力有充分的心理准备。另一方面,政府要加大投入,不断完善教师的职后培训和继续教育,不断提高在职教师的教育教学水平和创新能力,提高教师的职业责任感。此外,还应建立教师心理测评制度,及时地发现问题、解决问题。

学习与思考

1. 如何锤炼教师优良的道德品质?

2. 如何保持教师的心理健康?

3. 如何防止教师产生职业倦怠?

附录一 中华人民共和国教师法

第一章 总 则

第一条 为了保障教师的合法权益,建设具有良好思想品德修养和业务素质的教师队伍,促进社会主义教育事业的发展,根据宪法,制定本法。

第二条 本法适用于在各级各类学校和其他教育机构中专门从事教育教学工作的教师。

第三条 教师是履行教育教学职责的专业人员,承担教书育人,培养社会主义事业建设者和接班人、提高民族素质的使命。教师应当忠诚于人民的教育事业。

第四条 各级人民政府应当采取措施,加强教师的思想政治教育和业务培训,改善教师的工作条件和生活条件,保障教师的合法权益,提高教师的社会地位。全社会都应当尊重教师。

第五条 国务院教育行政部门主管全国的教师工作。国务院有关部门在各自职权范围内负责有关的教师工作。学校和其他教育机构根据国家规定,自主进行教师管理工作。

第六条 每年九月十日为教师节。

第二章 权利和义务

第七条 教师享有下列权利:

(一)进行教育教学活动,开展教育教学改革和实验;

（二）从事科学研究、学术交流，参加专业的学术团体，在学术活动中充分发表意见；

（三）指导学生的学习和发展，评定学生的品行和学业成绩；

（四）按时获取工资报酬，享受国家规定的福利待遇以及寒暑假期的带薪休假；

（五）对学校教育教学、管理工作和教育行政部门的工作提出意见和建议，通过教职工代表大会或者其他形式，参与学校的民主管理；

（六）参加进修或者其他方式的培训。

第八条 教师应当履行下列义务：

（一）遵守宪法、法律和职业道德，为人师表；

（二）贯彻国家的教育方针，遵守规章制度，执行学校的教学计划，履行教师聘约，完成教育教学工作任务；

（三）对学生进行宪法所确定的基本原则的教育和爱国主义、民族团结的教育，法制教育以及思想品德、文化、科学技术教育，组织、带领学生开展有益的社会活动；

（四）关心、爱护全体学生，尊重学生人格，促进学生在品德、智力、体质等方面全面发展；

（五）制止有害于学生的行为或者其他侵犯学生合法权益的行为，批评和抵制有害于学生健康成长的现象；

（六）不断提高思想政治觉悟和教育教学业务水平。

第九条 为保障教师完成教育教学任务，各级人民政府、教育行政部门、有关部门、学校和其他教育机构应当履行下列职责：

（一）提供符合国家安全标准的教育教学设施和设备；

（二）提供必需的图书、资料及其他教育教学用品；

（三）对教师在教育教学、科学研究中的创造性工作给以鼓励和帮助；

（四）支持教师制止有害于学生的行为或者其他侵犯学生合法权益的行为。

第三章 资格和任用

第十条 国家实行教师资格制度。

中国公民凡遵守宪法和法律,热爱教育事业,具有良好的思想品德,具备本法规定的学历或者经国家教师资格考试合格,有教育教学能力,经认定合格的,可以取得教师资格。

第十一条 取得教师资格应当具备的相应学历是:

(一)取得幼儿园教师资格,应当具备幼儿师范学校毕业及其以上学历;

(二)取得小学教师资格,应当具备中等师范学校毕业及其以上学历;

(三)取得初级中学教师、初级职业学校文化、专业课教师资格,应当具备高等师范专科学校或者其他大学专科毕业及其以上学历;

(四)取得高级中学教师资格和中等专业学校、技工学校、职业高中文化课、专业课教师资格,应当具备高等师范院校本科或者其他大学本科毕业及其以上学历;取得中等专业学校、技工学校和职业高中学生实习指导教师资格应当具备的学历,由国务院教育行政部门规定;

(五)取得高等学校教师资格,应当具备研究生或者大学本科毕业学历;

(六)取得成人教育教师资格,应当按照成人教育的层次、类别,分别具备高等、中等学校毕业及其以上学历。不具备本法规定的教师资格学历的公民,申请获取教师资格,必须通过国家教师资格考试。国家教师资格考试制度由国务院规定。

第十二条 本法实施前已经在学校或者其他教育机构中任教的教师,未具备本法规定学历的,由国务院教育行政部门规定教师资格过渡办法。

第十三条 中小学教师资格由县级以上地方人民政府教育行政部门认定。中等专业学校、技工学校的教师资格由县级以上地方人民政府教育行政部门组织有关主管部门认定。普通高等学校的教师资格由国务院或者省、自治区、直辖市教育行政部门或者由其委托的学校认定。具备本法规定的学历或者经国家教师资格考试合格的公民,要求有关部门认定其教师资格的,有关部门应当依照本法规定的条件予以认定。取得教师资格的人员首次任教时,应当有试用期。

第十四条　受到剥夺政治权利或者故意犯罪受到有期徒刑以上刑事处罚的,不能取得教师资格;已经取得教师资格的,丧失教师资格。

第十五条　各级师范学校毕业生,应当按照国家有关规定从事教育教学工作。国家鼓励非师范高等学校毕业生到中小学或者职业学校任教。

第十六条　国家实行教师职务制度,具体办法由国务院规定。

第十七条　学校和其他教育机构应当逐步实行教师聘任制。教师的聘任应当遵循双方地位平等的原则,由学校和教师签订聘任合同,明确规定双方的权利、义务和责任。实施教师聘任制的步骤、办法由国务院教育行政部门规定。

第四章　培养和培训

第十八条　各级人民政府和有关部门应当办好师范教育,并采取措施,鼓励优秀青年进入各级师范学校学习。各级教师进修学校承担培训中小学教师的任务。非师范学校应当承担培养和培训中小学教师的任务。各级师范学校学生享受专业奖学金。

第十九条　各级人民政府教育行政部门、学校主管部门和学校应当制定教师培训规划,对教师进行多种形式的思想政治、业务培训。

第二十条　国家机关、企业事业单位和其他社会组织应当为教师的社会调查和社会实践提供方便,给予协助。

第二十一条　各级人民政府应当采取措施,为少数民族地区和边远贫困地区培养、培训教师。

第五章　考　核

第二十二条　学校或者其他教育机构应当对教师的政治思想、业务水平、工作态度和工作成绩进行考核。教育行政部门对教师的考核工作进行指导、监督。

第二十三条　考核应当客观、公正、准确,充分听取教师本人、其他教师以及学生的意见。

第二十四条　教师考核结果是受聘任教、晋升工资、实施奖惩的依据。

第六章　待　遇

第二十五条　教师的平均工资水平应当不低于或者高于国家公务员的平均工资水平,并逐步提高。建立正常晋级增薪制度,具体办法由国务院规定。

第二十六条　中小学教师和职业学校教师享受教龄津贴和其他津贴,具体办法由国务院教育行政部门会同有关部门制定。

第二十七条　地方各级人民政府对教师以及具有中专以上学历的毕业生到少数民族地区和边远贫困地区从事教育教学工作的,应当予以补贴。

第二十八条　地方各级人民政府和国务院有关部门,对城市教师住房的建设、租赁、出售实行优先、优惠。县、乡两级人民政府应当为农村中小学教师解决住房提供方便。

第二十九条　教师的医疗同当地国家公务员享受同等的待遇;定期对教师进行身体健康检查,并因地制宜安排教师进行休养。医疗机构应当对当地教师的医疗提供方便。

第三十条　教师退休或者退职后,享受国家规定的退休或者退职待遇。县级以上地方人民政府可以适当提高长期从事教育教学工作的中小学退休教师的退休金比例。

第三十一条　各级人民政府应当采取措施,改善国家补助、集体支付工资的中小学教师的待遇,逐步做到在工资收入上与国家支付工资的教师同工同酬,具体办法由地方各级人民政府根据本地区的实际情况规定。

第三十二条　社会力量所办学校的教师的待遇,由举办者自行确定并予以保障。

第七章 奖 励

第三十三条 教师在教育教学、培养人才、科学研究、教学改革、学校建设、社会服务、勤工俭学等方面成绩优异的,由所在学校予以表彰、奖励。国务院和地方各级人民政府及其有关部门对有突出贡献的教师,应当予以表彰、奖励。对有重大贡献的教师,依照国家有关规定授予荣誉称号。

第三十四条 国家支持和鼓励社会组织或者个人向依法成立的奖励教师的基金组织捐助资金,对教师进行奖励。

第八章 法律责任

第三十五条 侮辱、殴打教师的,根据不同情况,分别给予行政处分或者行政处罚;造成损害的,责令赔偿损失;情节严重,构成犯罪的,依法追究刑事责任。

第三十六条 对依法提出申诉、控告、检举的教师进行打击报复的,由其所在单位或者上级机关责令改正;情节严重的,可以根据具体情况给予行政处分。国家工作人员对教师打击报复构成犯罪的,依照刑法有关规定追究刑事责任。

第三十七条 教师有下列情形之一的,由所在学校、其他教育机构或者教育行政部门给予行政处分或者解聘。

(一)故意不完成教育教学任务给教育教学工作造成损失的;

(二)体罚学生,经教育不改的;

(三)品行不良、侮辱学生,影响恶劣的。

教师有前款第(二)项、第(三)项所列情形之一,情节严重,构成犯罪的,依法追究刑事责任。

第三十八条 地方人民政府对违反本法规定,拖欠教师工资或者侵犯教师其他合法权益的,应当责令其限期改正。违反国家财政制度、财务制度,挪用国家财政用于教育的经费,严重妨碍教育教学工作,拖欠教师工资,损害教师合法权益的,由上级机关责令限期归还被挪用的经费,并对直接责任人员给予行政处分;情节严重,构成犯罪的,依法追究刑事责任。

第三十九条　教师对学校或者其他教育机构侵犯其合法权益的，或者对学校或者其他教育机构作出的处理不服的，可以向教育行政部门提出申诉，教育行政部门应当在接到申诉的三十日内，作出处理。教师认为当地人民政府有关行政部门侵犯其根据本法规定享有的权利的，可以向同级人民政府或者上一级人民政府有关部门提出申诉，同级人民政府或者上一级人民政府有关部门应当作出处理。

第九章　附　则

第四十条　本法下列用语的含义是：

（一）各级各类学校，是指实施学前教育、普通初等教育、普通中等教育、职业教育、普通高等教育以及特殊教育、成人教育的学校。

（二）其他教育机构，是指少年宫以及地方教研室、电化教育机构等。

（三）中小学教师，是指幼儿园、特殊教育机构、普通中小学、成人初等中等教育机构、职业中学以及其他教育机构的教师。

第四十一条　学校和其他教育机构中的教育教学辅助人员，其他类型的学校的教师和教育教学辅助人员，可以根据实际情况参照本法的有关规定执行。军队所属院校的教师和教育教学辅助人员，由中央军事委员会依照本法制定有关规定。

第四十二条　外籍教师的聘任办法由国务院教育行政部门规定。

第四十三条　本法自一九九四年一月一日起施行。

附录二　中小学教师职业道德规范
（2008年修订）

一、爱国守法。热爱祖国，热爱人民，拥护中国共产党领导，拥护社会主义。全面贯彻国家教育方针，自觉遵守教育法律法规，依法履行教师职责权利。不得有违背党和国家方针政策的言行。

二、爱岗敬业。忠诚于人民教育事业，志存高远，勤恳敬业，甘为人梯，乐于奉献。对工作高度负责，认真备课上课，认真批改作业，认真辅导学生。不得敷衍塞责。

三、关爱学生。关心爱护全体学生，尊重学生人格，平等公正对待学生。对学生严慈相济，做学生良师益友。保护学生安全，关心学生健康，维护学生权益。不讽刺、挖苦、歧视学生，不体罚或变相体罚学生。

四、教书育人。遵循教育规律，实施素质教育。循循善诱，诲人不倦，因材施教。培养学生良好品行，激发学生创新精神，促进学生全面发展。不以分数作为评价学生的唯一标准。

五、为人师表。坚守高尚情操，知荣明耻，严于律己，以身作则。衣着得体，语言规范，举止文明。关心集体，团结协作，尊重同事，尊重家长。作风正派，廉洁奉公。自觉抵制有偿家教，不利用职务之便谋取私利。

六、终身学习。崇尚科学精神，树立终身学习理念，拓宽知识视野，更新知识结构。潜心钻研业务，勇于探索创新，不断提高专业素养和教育教学水平。

附录三　中华人民共和国未成年人保护法

　　《中华人民共和国未成年人保护法》经1991年9月4日第七届全国人民代表大会常务委员会第21次会议通过,1991年9月4日中华人民共和国主席令第50号公布;2006年12月29日第十届全国人民代表大会常务委员会第25次会议第1次修订通过,2006年12月29日中华人民共和国主席令第60号公布;根据2012年10月26日第十一届全国人民代表大会常务委员会第29次会议通过、2012年10月26日中华人民共和国主席令第65号公布、自2013年1月1日起施行的《全国人民代表大会常务委员会关于修改〈中华人民共和国未成年人保护法〉的决定》第2次修正。

第一章　总　则

　　第一条　为了保护未成年人的身心健康,保障未成年人的合法权益,促进未成年人在品德、智力、体质等方面全面发展,培养有理想、有道德、有文化、有纪律的社会主义建设者和接班人,根据宪法,制定本法。

　　第二条　本法所称未成年人是指未满十八周岁的公民。

　　第三条　未成年人享有生存权、发展权、受保护权、参与权等权利,国家根据未成年人身心发展特点给予特殊、优先保护,保障未成年人的合法权益不受侵犯。未成年人享有受教育权,国家、社会、学校和家庭尊重和保障未成年人的受教育权。未成年人不分性别、民族、种族、家庭财产状况、宗教信仰等,依法平等地享有权利。

　　第四条　国家、社会、学校和家庭对未成年人进行理想教育、道德教育、文化教育、纪律和法制教育,进行爱国主义、集体主义和社会主义的教育,提倡爱祖国、爱人民、爱劳动、爱科学、爱社会主义的公德,反对资本主义的、封建主义的和其他的腐朽思想的侵蚀。

第五条 保护未成年人的工作,应当遵循下列原则:

(一)尊重未成年人的人格尊严;

(二)适应未成年人身心发展的规律和特点;

(三)教育与保护相结合。

第六条 保护未成年人,是国家机关、武装力量、政党、社会团体、企业事业组织、城乡基层群众性自治组织、未成年人的监护人和其他成年公民的共同责任。对侵犯未成年人合法权益的行为,任何组织和个人都有权予以劝阻、制止或者向有关部门提出检举或者控告。国家、社会、学校和家庭应当教育和帮助未成年人维护自己的合法权益,增强自我保护的意识和能力,增强社会责任感。

第七条 中央和地方各级国家机关应当在各自的职责范围内做好未成年人保护工作。国务院和地方各级人民政府领导有关部门做好未成年人保护工作;将未成年人保护工作纳入国民经济和社会发展规划以及年度计划,相关经费纳入本级政府预算。国务院和省、自治区、直辖市人民政府采取组织措施,协调有关部门做好未成年人保护工作。具体机构由国务院和省、自治区、直辖市人民政府规定。

第八条 共产主义青年团、妇女联合会、工会、青年联合会、学生联合会、少年先锋队以及其他有关社会团体,协助各级人民政府做好未成年人保护工作,维护未成年人的合法权益。

第九条 各级人民政府和有关部门对保护未成年人有显著成绩的组织和个人,给予表彰和奖励。

第二章 家庭保护

第十条 父母或者其他监护人应当创造良好、和睦的家庭环境,依法履行对未成年人的监护职责和抚养义务。

禁止对未成年人实施家庭暴力,禁止虐待、遗弃未成年人,禁止溺婴和其他残害婴儿的行为,不得歧视女性未成年人或者有残疾的未成年人。

第十一条　父母或者其他监护人应当关注未成年人的生理、心理状况和行为习惯,以健康的思想、良好的品行和适当的方法教育和影响未成年人,引导未成年人进行有益身心健康的活动,预防和制止未成年人吸烟、酗酒、流浪、沉迷网络以及赌博、吸毒、卖淫等行为。

第十二条　父母或者其他监护人应当学习家庭教育知识,正确履行监护职责,抚养教育未成年人。有关国家机关和社会组织应当为未成年人的父母或者其他监护人提供家庭教育指导。

第十三条　父母或者其他监护人应当尊重未成年人受教育的权利,必须使适龄未成年人依法入学接受并完成义务教育,不得使接受义务教育的未成年人辍学。

第十四条　父母或者其他监护人应当根据未成年人的年龄和智力发展状况,在作出与未成年人权益有关的决定时告知其本人,并听取他们的意见。

第十五条　父母或者其他监护人不得允许或者迫使未成年人结婚,不得为未成年人订立婚约。

第十六条　父母因外出务工或者其他原因不能履行对未成年人监护职责的,应当委托有监护能力的其他成年人代为监护。

第三章　学校保护

第十七条　学校应当全面贯彻国家的教育方针,实施素质教育,提高教育质量,注重培养未成年学生独立思考能力、创新能力和实践能力,促进未成年学生全面发展。

第十八条　学校应当尊重未成年学生受教育的权利,关心、爱护学生,对品行有缺点、学习有困难的学生,应当耐心教育、帮助,不得歧视,不得违反法律和国家规定开除未成年学生。

第十九条　学校应当根据未成年学生身心发展的特点,对他们进行社会生活指导、心理健康辅导和青春期教育。

第二十条　学校应当与未成年学生的父母或者其他监护人互相配合,保证未成年学生的睡眠、娱乐和体育锻炼时间,不得加重其学习负担。

第二十一条 学校、幼儿园、托儿所的教职员工应当尊重未成年人的人格尊严,不得对未成年人实施体罚、变相体罚或者其他侮辱人格尊严的行为。

第二十二条 学校、幼儿园、托儿所应当建立安全制度,加强对未成年人的安全教育,采取措施保障未成年人的人身安全。学校、幼儿园、托儿所不得在危及未成年人人身安全、健康的校舍和其他设施、场所中进行教育教学活动。学校、幼儿园安排未成年人参加集会、文化娱乐、社会实践等集体活动,应当有利于未成年人的健康成长,防止发生人身安全事故。

第二十三条 教育行政等部门和学校、幼儿园、托儿所应当根据需要,制定应对各种灾害、传染性疾病、食物中毒、意外伤害等突发事件的预案,配备相应设施并进行必要的演练,增强未成年人的自我保护意识和能力。

第二十四条 学校对未成年学生在校内或者本校组织的校外活动中发生人身伤害事故的,应当及时救护,妥善处理,并及时向有关主管部门报告。

第二十五条 对于在学校接受教育的有严重不良行为的未成年学生,学校和父母或者其他监护人应当互相配合加以管教;无力管教或者管教无效的,可以按照有关规定将其送专门学校继续接受教育。依法设置专门学校的地方人民政府应当保障专门学校的办学条件,教育行政部门应当加强对专门学校的管理和指导,有关部门应当给予协助和配合。专门学校应当对在校就读的未成年学生进行思想教育、文化教育、纪律和法制教育、劳动技术教育和职业教育。

专门学校的教职员工应当关心、爱护、尊重学生,不得歧视、厌弃。

第二十六条 幼儿园应当做好保育、教育工作,促进幼儿在体质、智力、品德等方面和谐发展。

第四章 社会保护

第二十七条 全社会应当树立尊重、保护、教育未成年人的良好风尚,关心、爱护未成年人。

国家鼓励社会团体、企业事业组织以及其他组织和个人,开展多种形式的有利于未成年人健康成长的社会活动。

第二十八条　各级人民政府应当保障未成年人受教育的权利,并采取措施保障家庭经济困难的、残疾的和流动人口中的未成年人等接受义务教育。

第二十九条　各级人民政府应当建立和改善适合未成年人文化生活需要的活动场所和设施,鼓励社会力量兴办适合未成年人的活动场所,并加强管理。

第三十条　爱国主义教育基地、图书馆、青少年宫、儿童活动中心应当对未成年人免费开放;博物馆、纪念馆、科技馆、展览馆、美术馆、文化馆以及影剧院、体育场馆、动物园、公园等场所,应当按照有关规定对未成年人免费或者优惠开放。

第三十一条　县级以上人民政府及其教育行政部门应当采取措施,鼓励和支持中小学校在节假日期间将文化体育设施对未成年人免费或者优惠开放。社区中的公益性互联网上网服务设施,应当对未成年人免费或者优惠开放,为未成年人提供安全、健康的上网服务。

第三十二条　国家鼓励新闻、出版、信息产业、广播、电影、电视、文艺等单位和作家、艺术家、科学家以及其他公民,创作或者提供有利于未成年人健康成长的作品。出版、制作和传播专门以未成年人为对象的内容健康的图书、报刊、音像制品、电子出版物以及网络信息等,国家给予扶持。国家鼓励科研机构和科技团体对未成年人开展科学知识普及活动。

第三十三条　国家采取措施,预防未成年人沉迷网络。国家鼓励研究开发有利于未成年人健康成长的网络产品,推广用于阻止未成年人沉迷网络的新技术。

第三十四条　禁止任何组织、个人制作或者向未成年人出售、出租或者以其他方式传播淫秽、暴力、凶杀、恐怖、赌博等毒害未成年人的图书、报刊、音像制品、电子出版物以及网络信息等。

第三十五条　生产、销售用于未成年人的食品、药品、玩具、用具和游乐设施等,应当符合国家标准或者行业标准,不得有害于未成年人的安全和健康;需要标明注意事项的,应当在显著位置标明。

第三十六条　中小学校园周边不得设置营业性歌舞娱乐场所、互联网上网服务营业场所等不适宜未成年人活动的场所。营业性歌舞娱乐场所、互联网上网服务营业场所等不适宜未成年人活动的场所,不得允许未成年人进入,经营者应当在显著位置设置未成年人禁入标志;对难以判明是否已成年的,应当要求其出示身份证件。

第三十七条　禁止向未成年人出售烟酒,经营者应当在显著位置设置不向未成年人出售烟酒的标志;对难以判明是否已成年的,应当要求其出示身份证件。任何人不得在中小学校、幼儿园、托儿所的教室、寝室、活动室和其他未成年人集中活动的场所吸烟、饮酒。

第三十八条　任何组织或者个人不得招用未满十六周岁的未成年人,国家另有规定的除外。

任何组织或者个人按照国家有关规定招用已满十六周岁未满十八周岁的未成年人的,应当执行国家在工种、劳动时间、劳动强度和保护措施等方面的规定,不得安排其从事过重、有毒、有害等危害未成年人身心健康的劳动或者危险作业。

第三十九条　任何组织或者个人不得披露未成年人的个人隐私。对未成年人的信件、日记、电子邮件,任何组织或者个人不得隐匿、毁弃;除因追查犯罪的需要,由公安机关或者人民检察院依法进行检查,或者对无行为能力的未成年人的信件、日记、电子邮件由其父母或者其他监护人代为开拆、查阅外,任何组织或者个人不得开拆、查阅。

第四十条　学校、幼儿园、托儿所和公共场所发生突发事件时,应当优先救护未成年人。

第四十一条　禁止拐卖、绑架、虐待未成年人,禁止对未成年人实施性侵害。

禁止胁迫、诱骗、利用未成年人乞讨或者组织未成年人进行有害其身心健康的表演等活动。

第四十二条　公安机关应当采取有力措施,依法维护校园周边的治安和交通秩序,预防和制止侵害未成年人合法权益的违法犯罪行为。任何组织或者个人不得扰乱教学秩序,不得侵占、破坏学校、幼儿园、托儿所的场地、房屋和设施。

第四十三条　县级以上人民政府及其民政部门应当根据需要设立救助场所,对流浪乞讨等生活无着未成年人实施救助,承担临时监护责任;公安部门或者其他有关部门应当护送流浪乞讨或者离家出走的未成年人到救助场所,由救助场所予以救助和妥善照顾,并及时通知其父母或者其他监护人领回。对孤儿、无法查明其父母或者其他监护人的以及其他生活无着的未成年人,由民政部门设立的儿童福利机构收留抚养。未成年人救助机构、儿童福利机构及其工作人员应当依法履行职责,不得虐待、歧视未成年人;不得在办理收留抚养工作中牟取利益。

第四十四条　卫生部门和学校应当对未成年人进行卫生保健和营养指导,提供必要的卫生保健条件,做好疾病预防工作。卫生部门应当做好对儿童的预防接种工作,国家免疫规划项目的预防接种实行免费;积极防治儿童常见病、多发病,加强对传染病防治工作的监督管理,加强对幼儿园、托儿所卫生保健的业务指导和监督检查。

第四十五条　地方各级人民政府应当积极发展托幼事业,办好托儿所、幼儿园,支持社会组织和个人依法兴办哺乳室、托儿所、幼儿园。各级人民政府和有关部门应当采取多种形式,培养和训练幼儿园、托儿所的保教人员,提高其职业道德素质和业务能力。

第四十六条　国家依法保护未成年人的智力成果和荣誉权不受侵犯。

第四十七条　未成年人已经完成规定年限的义务教育不再升学的,政府有关部门和社会团体、企业事业组织应当根据实际情况,对他们进行职业教育,为他们创造劳动就业条件。

第四十八条　居民委员会、村民委员会应当协助有关部门教育和挽救违法犯罪的未成年人,预防和制止侵害未成年人合法权益的违法犯罪行为。

第四十九条　未成年人的合法权益受到侵害的,被侵害人及其监护人或者其他组织和个人有权向有关部门投诉,有关部门应当依法及时处理。

第五章　司法保护

第五十条　公安机关、人民检察院、人民法院以及司法行政部门，应当依法履行职责，在司法活动中保护未成年人的合法权益。

第五十一条　未成年人的合法权益受到侵害，依法向人民法院提起诉讼的，人民法院应当依法及时审理，并适应未成年人生理、心理特点和健康成长的需要，保障未成年人的合法权益。

在司法活动中对需要法律援助或者司法救助的未成年人，法律援助机构或者人民法院应当给予帮助，依法为其提供法律援助或者司法救助。

第五十二条　人民法院审理继承案件，应当依法保护未成年人的继承权和受遗赠权。人民法院审理离婚案件，涉及未成年子女抚养问题的，应当听取有表达意愿能力的未成年子女的意见，根据保障子女权益的原则和双方具体情况依法处理。

第五十三条　父母或者其他监护人不履行监护职责或者侵害被监护的未成年人的合法权益，经教育不改的，人民法院可以根据有关人员或者有关单位的申请，撤销其监护人的资格，依法另行指定监护人。被撤销监护资格的父母应当依法继续负担抚养费用。

第五十四条　对违法犯罪的未成年人，实行教育、感化、挽救的方针，坚持教育为主、惩罚为辅的原则。对违法犯罪的未成年人，应当依法从轻、减轻或者免除处罚。

第五十五条　公安机关、人民检察院、人民法院办理未成年人犯罪案件和涉及未成年人权益保护案件，应当照顾未成年人身心发展特点，尊重他们的人格尊严，保障他们的合法权益，并根据需要设立专门机构或者指定专人办理。

第五十六条　讯问、审判未成年犯罪嫌疑人、被告人，询问未成年证人、被害人，应当依照刑事诉讼法的规定通知其法定代理人或者其他人员到场。公安机关、人民检察院、人民法院办理未成年人遭受性侵害的刑事案件，应当保护被害人的名誉。

第五十七条　对羁押、服刑的未成年人，应当与成年人分别关押。

羁押、服刑的未成年人没有完成义务教育的,应当对其进行义务教育。解除羁押、服刑期满的未成年人的复学、升学、就业不受歧视。

第五十八条　对未成年人犯罪案件,新闻报道、影视节目、公开出版物、网络等不得披露该未成年人的姓名、住所、照片、图像以及可能推断出该未成年人的资料。

第五十九条　对未成年人严重不良行为的矫治与犯罪行为的预防,依照预防未成年人犯罪法的规定执行。

第六章　法律责任

第六十条　违反本法规定,侵害未成年人的合法权益,其他法律、法规已规定行政处罚的,从其规定;造成人身财产损失或者其他损害的,依法承担民事责任;构成犯罪的,依法追究刑事责任。

第六十一条　国家机关及其工作人员不依法履行保护未成年人合法权益的责任,或者侵害未成年人合法权益,或者对提出申诉、控告、检举的人进行打击报复的,由其所在单位或者上级机关责令改正,对直接负责的主管人员和其他直接责任人员依法给予行政处分。

第六十二条　父母或者其他监护人不依法履行监护职责,或者侵害未成年人合法权益的,由其所在单位或者居民委员会、村民委员会予以劝诫、制止;构成违反治安管理行为的,由公安机关依法给予行政处罚。

第六十三条　学校、幼儿园、托儿所侵害未成年人合法权益的,由教育行政部门或者其他有关部门责令改正;情节严重的,对直接负责的主管人员和其他直接责任人员依法给予处分。

学校、幼儿园、托儿所教职员工对未成年人实施体罚、变相体罚或者其他侮辱人格行为的,由其所在单位或者上级机关责令改正;情节严重的,依法给予处分。

第六十四条　制作或者向未成年人出售、出租或者以其他方式传播淫秽、暴力、凶杀、恐怖、赌博等图书、报刊、音像制品、电子出版物以及网络信息等的,由主管部门责令改正,依法给予行政处罚。

第六十五条　生产、销售用于未成年人的食品、药品、玩具、用具和游乐设施不符合国家标准或者行业标准，或者没有在显著位置标明注意事项的，由主管部门责令改正，依法给予行政处罚。

第六十六条　在中小学校园周边设置营业性歌舞娱乐场所、互联网上网服务营业场所等不适宜未成年人活动的场所的，由主管部门予以关闭，依法给予行政处罚。营业性歌舞娱乐场所、互联网上网服务营业场所等不适宜未成年人活动的场所允许未成年人进入，或者没有在显著位置设置未成年人禁入标志的，由主管部门责令改正，依法给予行政处罚。

第六十七条　向未成年人出售烟酒，或者没有在显著位置设置不向未成年人出售烟酒标志的，由主管部门责令改正，依法给予行政处罚。

第六十八条　非法招用未满十六周岁的未成年人，或者招用已满十六周岁的未成年人从事过重、有毒、有害等危害未成年人身心健康的劳动或者危险作业的，由劳动保障部门责令改正，处以罚款；情节严重的，由工商行政管理部门吊销营业执照。

第六十九条　侵犯未成年人隐私，构成违反治安管理行为的，由公安机关依法给予行政处罚。

第七十条　未成年人救助机构、儿童福利机构及其工作人员不依法履行对未成年人的救助保护职责，或者虐待、歧视未成年人，或者在办理收留抚养工作中牟取利益的，由主管部门责令改正，依法给予行政处分。

第七十一条　胁迫、诱骗、利用未成年人乞讨或者组织未成年人进行有害其身心健康的表演等活动的，由公安机关依法给予行政处罚。

第七章　附　则

第七十二条　本法自2013年1月1日起施行。

后 记

    1987年国家教委印发了《关于高等学校思想教育课程建设的意见》,规定高校思想教育课程包括"大学生思想道德修养""人生哲理""形势与政策""法律基础""职业道德"五门课程。从20世纪90年代开始,高校思想教育课程不断进行调整,与"职业道德"相关的内容逐步被并入"大学生思想道德修养"的相关课程中。从思想教育的角度来说,这样做对非师范生的影响并不大,但对于师范生来说,没有教师职业道德修养方面专门的理论与方法指导,则必然导致师范生对教师职业及教师职业道德的陌生感,甚至走上工作岗位都一时难以适应教师角色。多年的教育实习指导,使很多指导教师深感需要加强师范生在教师职业道德修养方面的理论学习与实践探索。

    2011年,安徽师范大学政法学院趁学校进行课程设置调整之机,专门在学院开设了"教师职业道德修养"选修课,并面向全校各专业学生。后来又在教务部门的统一安排下开设了"教师职业素养"的通识课程,作为全校师范生的选修课。由于我国教育事业随着改革开放的不断深入发生了深刻转型,教师职业及教师职业道德状况和要求都发生了很多变化。遗憾的是,却一直没有与此相适应的相关教材。

    为适应教学的需要,编者在参考和综合多本类似或相关教材的基础上,结合多年的教学实践,编写了这本教材,以供不时之需。由于水平有限,仓促和粗陋在所难免,诚请广大读者和学者们批评指正。同时,也向参与教材编写和出版的同志们表示感谢。

编 者

2015年2月